頭の回転が
3倍速くなる！

速読トレーニング

速読日本一／イントレ講師
角田和将
Kazumasa Tsunoda

SOGO HOREI PUBLISHING CO., LTD

はじめに

速読は、本を読むのが苦手な人ほど上達する！

この本を手に取ってくださり、ありがとうございます。

突然ですが、あなたは本を読むのが好きですか？　それとも苦手？

この本を手に取ってくださったということは、本を読みたい気持ちはあるけれど、なかなか思うように読めていないのかもしれませんね。


実はこの本は、**本を読むのが苦手な人ほど楽しめます**。

というのも、「読む」のではなく、「見る」ことを意識しながら速読力を鍛える本だからです。

『速読ドリル』を試された方のご感想

こんにちは。角田和将と申します。

前作『1日が27時間になる！　速読ドリル』を発売して半年以上たちました。あれから、実に10万人以上の方が読んでくださったということで、本当にうれしく思っています。ありがとうございます！

中には、次のようなご感想もいただきました。

◉本を読むスピードが上がったうえに、書いてあることを早く理解できるようになった（20代・男性）
◉速読に興味があり、いろんな本を試しましたが、どれもうまくいきませんでした。でもこの本は読みやすく、楽しみながら身につけることができま

した。今では、1日1冊ペースで読んでいます。（30代・会社員）
◉速読が身近に感じられるようになった！（70代・男性）
◉子どもが読書をするようになって驚きました！（40代・主婦）

本当にありがたいかぎりです。

一方で、本書をご存知ない方もまだまだいらっしゃいます。

ご感想の中にもありましたが、速読ができるようになりたいと思われる方の中には、残念ながら「速読の本すら読み切ることができない」という方もいらっしゃいます。私も以前はそうでした。

速読の本と言うと、理論の説明がてんこ盛りで、読み応えのあるものも少なくありません。

もちろん、理論を学ぶことは大事です。しかし、筋トレと同じで、実際にトレーニングをしなければ、筋肉はつきません。

そこで、理論については核心となる部分に絞り、実践編を多く含んだ本として、前作『速読ドリル』は生まれました。

出版後、ありがたいことに「既に問題を解いてしまって、回答を覚えてしまったのでもっとトレーニングをしたい」というご意見を数多くいただきました。「速読をやりたい」という方も増え、著者としてはうれしいかぎりです。

問題は解き終わっても、**「どんな問題を解くと速読につながるのか？」を意識しながら解いていただければ、速読力はまだまだ鍛えられます**。

そこで本書では、なるべく前著とは異なる種類の問題を用意しました。

既に『速読ドリル』をお読みくださった方は、本書でトレーニングの原理原則をおさらいし、身につけた速読力をさらに高めていただきたいと思います。

前著をお読みでない方は、まずは本書から取り組んでいただき、トレーニングに対する考え方や感覚を身につけてください。そのうえで余力があれば、前作でその考え方が通用するかどうかを確認していただけたら、うれしく思います。

ご家族や大切な人と一緒に読んでください

ところで、速読を身につけるには、ちょっとした〝コツ〟が必要です。

それは、「**誰かと一緒に楽しみながら取り組む**」ということです。

実は、この「誰かと一緒に取り組むこと」こそ、トレーニング効果をアップさせる秘訣のひとつです。

先ほど少し読者の方からのお声をご紹介しましたが、最も多かったお声が、「家族と楽しめました」というものでした。

では、家族や誰かと一緒に取り組むことが、なぜトレーニング効果を高めることにつながるのでしょうか？

それは、一言で言えば「**続きやすいから**」です。

トレーニングと名のつくものは、速読にかぎらず、基本的に継続することが難しいものです。ですが、周りの人と一緒に解くことで、「誰が一番速く解けるか？」とゲーム感覚が生まれて楽しく解けるようになりますし、周りに誰かがいることで、「頑張ろう！」と自然に思えるようになります。

今回、できるだけ世代を問わず楽しんでいただける問題を厳選しました。ぜひご家族、ご友人、大切な仲間と一緒に取り組んでみてください。

角田和将

第1章 速読で、時間の「質」と「量」が変わる！

第2章 間違い探しトレーニング（文字編）

第3章 間違い探しトレーニング（イメージ編）

第4章 イメージトレーニング（文字⇔イメージ）

第8章
一問一答・思い出しトレーニング

第9章
速読トレーニングで、頭の回転を3倍速くする！

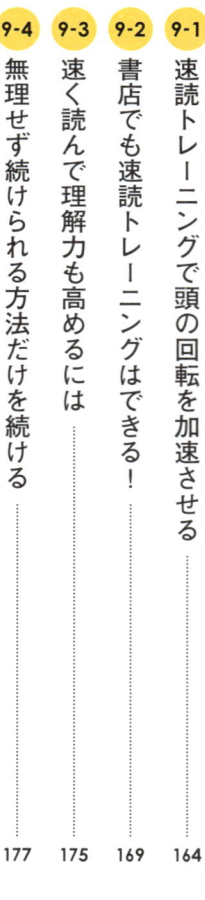

●装丁　萩原弦一郎、藤塚尚子（デジカル）
●本文デザイン・イラスト（第3章）　土屋和泉
●イラスト（第4章）　村山宇希（ぽるか）
●図表・DTP　横内俊彦

第1章

速読で、時間の「質」と「量」が変わる！

1-1

速読を身につけると、こんなにいいことがある！

なぜ、多くの成功者は速読を身につけたがるのか？

かつてビル・ゲイツ氏が「あなたが最もほしい能力は何ですか？」と聞かれ、「本を高速で読む能力です」と答えたことがあるそうです。

ビル・ゲイツ氏は、言わずと知れたマイクロソフトの創業者。毎年発表される高額納税者ランキングでも上位にランクインする、世界的に有名な経営者の一人です。

彼以外にも、J・F・ケネディ元大統領や司馬遼太郎など、速読の必要性を感じて実践している人は、世界に数多く存在します。

では、なぜ、彼らは速読を身につけようとしたのでしょうか？

ひとつは、情報が知識を生み、その知識が目標達成の質を高めることを知っていたからだと思います。

さらに、彼らは多忙です。**かぎられた時間の中で良質な情報を得るためには、たくさんの情報に触れ、良質なものを見極めなくてはなりません**。

そのツールのひとつとして、速読があるのです。

こう言うと、「速読は頭のいい人がやるもので、自分には関係がない」と、どちらかと言うと難しいスキルと想像される方が多いように思います。

そこで、質問です。

あなたは、1日あと何時間ほしいですか？

「ほしい」なら、速読を身につけられる資格は十分あります。

忙しい人のほうが時間を増やしたいと思う気持ちが強いので、真剣にトレーニングに取り組みます。第2章以降の問題もきっと、目的意識を持って解いてくださると思います。

とはいえ、「思わない」とお答えになった方も、あきらめる必要はありません。

私がこれまで指導してきた受講生の中には60～70代の方もいらっしゃいますが、速読を身につけたことで自信がつき、新たなことに挑戦する方も少なくありません。

新聞や本を読むスピードが速くなったり、理解度が増したりすると、頭の回転が速くなり、自信も生まれます。そして、自分の可能性を広げるために、いろいろなことにチャレンジするようになるのです。

本を開くと眠くなっていた私が変わったきっかけ

私が速読をはじめたきっかけは、住宅ローンを組んだことでした。

当時、毎月の返済額は12万円。給料は手取りで17万円前後でしたから、ローンを返済した後、手元に残るのはたったの5万円。日々、借金の返済に頭を悩ませていました。これも、お金に対する勉強をまったくせず、ただ「住みたい」と思った家を、言われるがままにローン契約してしまったことが原因です。

そこで、1日でも早く借金を返済したいという思いから、お金の勉強をするべく、ある投資家に弟子入りしたのです。

ですが、その方から差し出されたのは、1冊500ページ以上の課題図書。しかも、30冊以上。「これを読んでから指導をはじめるので」と言われました。あのとき頭が真っ白になったことを、今でも覚えています。

というのも、私は読書が大の苦手。出張先に向かう道中、本を持参して飛行機に乗るも、1ページ目の1行目から眠たくなってしまうありさまです。

ですが、本を読めず、借金も返済できなければ、人生お先真っ暗ということも理解していました。

そこで、本を読めるようになるべく、速読教室に通い出しました。

その9ヶ月後には、2万人が参加する速読甲子園2010の優勝決定戦で勝ち、グランプリを受賞。その後、本格的に投資をはじめ、1日5分ほどの情報チェックで、月100万円近くを稼げるようになったのです。

速読が人生に与えるインパクトの大きさ

ここでお伝えしたいのは、

人は必ず達成したい目標があれば頑張れるし、続けられるということです。

では、目標がない人は頑張れないのでしょうか？

決してそんなことはありません。

人は生きているかぎり、必ずターニングポイントが訪れます。

ときには究極の選択を短時間で決断しなければならないとき、問題を解決しなければならないときがあるでしょう。

そんなとき、速読の力を身につけている人とそうでない人とでは、大きな差が出てきます。


なぜなら、速読を身につけた方は、次のように変わる傾向が強いからです。

1 仕事が早く終わってプライベートも充実させられるようになる
2 いろんな人と会えるようになり、世界が広がる
3 金銭的・心理的に豊かになる
4 自信が持てるようになる
5 頭の回転が速くなる

速読はあくまできっかけのひとつです。

ですが、速読ができるようになることで自信が生まれ、人として、ひとまわりもふたまわりも成長することができます。

では、次のページからさっそく、実際に速読を身につけるためのポイントをお伝えしていきましょう。

図1　速読を身につけると、こんないいことがある

❶ 仕事を早く終えられるようになる

⇓

プライベートも充実できる

❷ 色んな人と会えて世界が広がる

❸ 金銭的・心理的に豊かになる

❹ 自信が持てるようになる

❺ 頭の回転が速くなる

■ポイント
時間に余裕ができれば、いろいろな面で結果が出せるようになる！

1-2

「速読ができるようになる」とは？

「読む」のではなく「見る」を心がける

そもそも、「速読ができる」とは、どのような状態のことを指すのでしょうか。

私の考える「速読ができる」とは、〝読んで理解する〟のではなく、「**〝見て理解する〟に切り替える**」ということです。

〝見て理解する〟とは、見ると同時に理解をするということです。文字を見るや否や、その情景が思い浮かんだり、何を言っているのかを無意識に理解します。

こう書くと特別なスキルのように感じるかもしれませんが、実はほとんどの方が、ふだんからこの方法を使っています。

たとえば、レストランで店員さんにメニューを持ってきてもらうよう頼むとき、どんなふうに伝えますか。「メニューを読ませてください」ではなく、「見せてください」と伝えますよね。

つまり、メニューの文字は「読んでいる」のではなく、「見ている」ということになります。そしてその状態で十分、内容を理解しているわけです。

要はこのやり方を、読書や仕事の場面に応用するだけなのです。

27ページの図2をご覧ください。メニューの文字数はだいたい5~7文字です。このくらいの文字数であればすんなり理解でき、イメージも思い浮かぶのではないでしょうか。

また、「五目チャーハン」や「みそラーメン」なら、現物を見るまでもなく、思い浮かべることができるでしょう。

このように、**文章を読むときは、いきなり全部読もうとせずに、パッと見て理解ができる文字数（5〜7文字）を意識して「見て」いくようにします**。

そして徐々に文字数を7文字から15文字、30文字、1行、といった具合に増やしていくことで、さらに読書速度が上がっていくわけです。

図2 「見る」だけでも十分内容を理解できる

●前菜・サラダ
キムチ……480円
ピータン……600円
野菜サラダ……580円
棒棒鶏サラダ……660円
クラゲの冷製サラダ……660円

●一品料理
八宝菜……900円
空芯菜……900円
エビのチリソース……970円
エビのマヨネーズ和え……970円
ニラレバ炒め……860円
ピーマンと豚肉炒め……860円
豚肉とナスの味噌炒め……860円
鶏の唐揚げ……540円
鶏肉とナッツ炒め……650円
酢豚……650円
青菜とにんにく炒め……650円
麻婆豆腐……860円
かに玉……860円
春巻き（3本）……560円

●麺類
しょうゆラーメン……580円
みそラーメン……600円
五目ラーメン……650円
チャーシューメン……600円
焼きそば……580円

●ご飯類
五目チャーハン……600円
キムチチャーハン……650円
にんにくチャーハン……650円
中華粥……650円
天津飯……700円
麻婆飯……700円
ライス……100円

●点心
焼きギョーザ（5個）……440円
揚げギョーザ（5個）……440円
水ギョーザ（5個）……440円
小籠包（3個）……500円

●デザート
杏仁豆腐……440円
ゴマ団子（2個）……440円
マンゴープリン……440円
アイスクリーム……440円

●飲み物
生ビール……500円
瓶ビール……550円
紹興酒（一合）……500円
日本酒（一合）……360円
ワイン（グラス）……360円
烏龍茶……300円
オレンジジュース……300円

1-3

速読トレーニングの本当の活用方法

「解きはじめてから」が本当のはじまり

前作『1日が27時間になる！　速読ドリル』では、パッと見える文字数を増やすために、より広い視野を持てるような問題を多数ご用意しました。

そして実際にお読みいただいた方から、次のようなご意見をいただきました。

「問題を解いて答えを覚えてしまったら、トレーニングにならないのではないか？」

おっしゃる通り、答えを覚えてしまっては、トレーニングになりません。

人は答えがわからないからこそ視野を広く持ち、速く解く意識で問題に臨みます。

しかし、私がこの「速読シリーズ」を通じてお伝えしたいのは、トレーニング問題そのものではありません。**速読の原理原則を踏まえれば、トレーニング方法に制限はない**ということです。

問題を解き終わった方は、ぜひ自分で問題になりそうなものを見つけていただきたいと思います。

特に書店には、数多くのクイズ本が並んでいます。ぜひ「これはトレーニングになりそう」という本を見つけていただき、本書にある問題を解き終わった後も、同じように取り組んでみてください。自分で問題を探し、見つけ出す行為そのものも、速読力を鍛えることにつながります。

1-4

速読トレーニングの原理原則

ポイントは「幅広く」「高速で」文字を見ること

「速読ができる」ということは、「なぞりながら読んで理解する」から「見て理解する」への切り替えをするということです。

そして、この「見て理解」できる文字数が増えれば、読書速度は上がります。また、その読書速度に応じた認識力を鍛えることによって、理解度も高めることができるようになります（33ページの図3参照）。

その際、押さえるべきポイントは次の2つです。

① 〝高速で〟文字を見る

② 〝幅広く〟文字を見る

これらの原理原則を押さえたうえでトレーニングすることで、速読が身につくわけです。

トレーニングが楽しくなりはじめると、これら2つの点を見落としてしまい、いわゆるゲーム感覚で解いてしまう方もいます。ですが脳トレゲームをいくらやっても、速読ができるようにはなりません。多少能力はアップするかもしれませんが、限界があります。人は、脳トレにあるようなイラストだと見ようとしますが、文字になると、読もうとしてしまうからです。

一方で、「高速で文字を見る」、「幅広く文字を見る」ことを意識しながら取り組むと、速読トレーニングの効果がさらに加速してきます。

何も意識せずに問題を解いても、速読にはつながりません。

あくまでも**「速読に活かす」という意識を持って取り組んでみてください。**

第2章以降、「文字を見る」要素の問題を多めに盛り込んでみました。「高速で見る」「幅広く見る」という速読の基本をより身につけたいという方は、ぜひ前著『1日が27時間になる！　速読ドリル』をお試しいただけたら幸いです。

図3　視野が広がるにつれて、読書速度は上がる

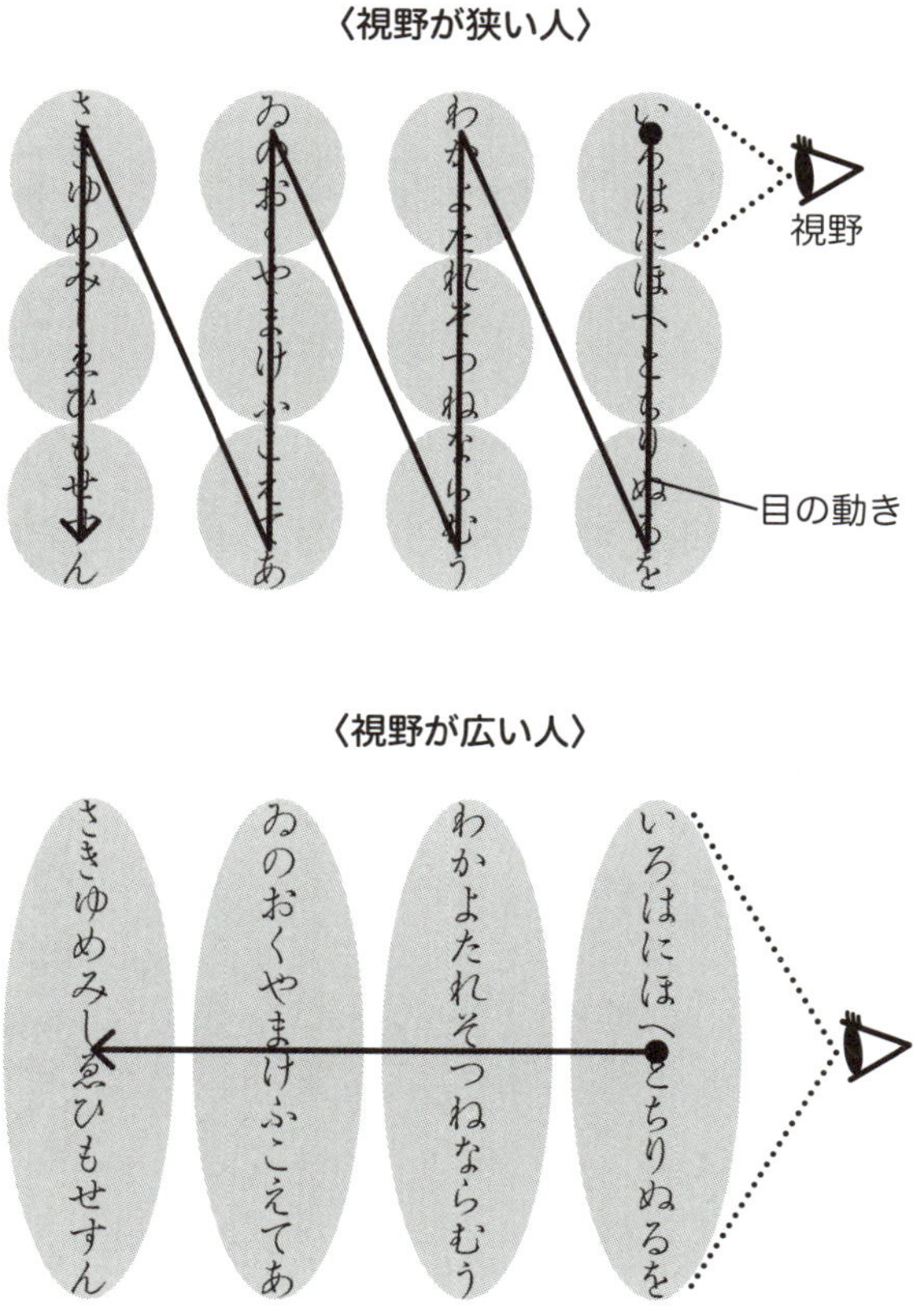

1-5

速読には右脳の働きが欠かせない

左脳と右脳の関係

もう一点、本書を最大限にご活用いただくために、「読んで理解・見て理解」と「左脳と右脳」の関係性についてお伝えしたいと思います。

「左脳と右脳」と言うと何だか難しそうな感じもしますが、構える必要はありません。知っておいていただきたいのは、それぞれの働きです。

図４　脳トレと速読トレーニングによる効果の違い

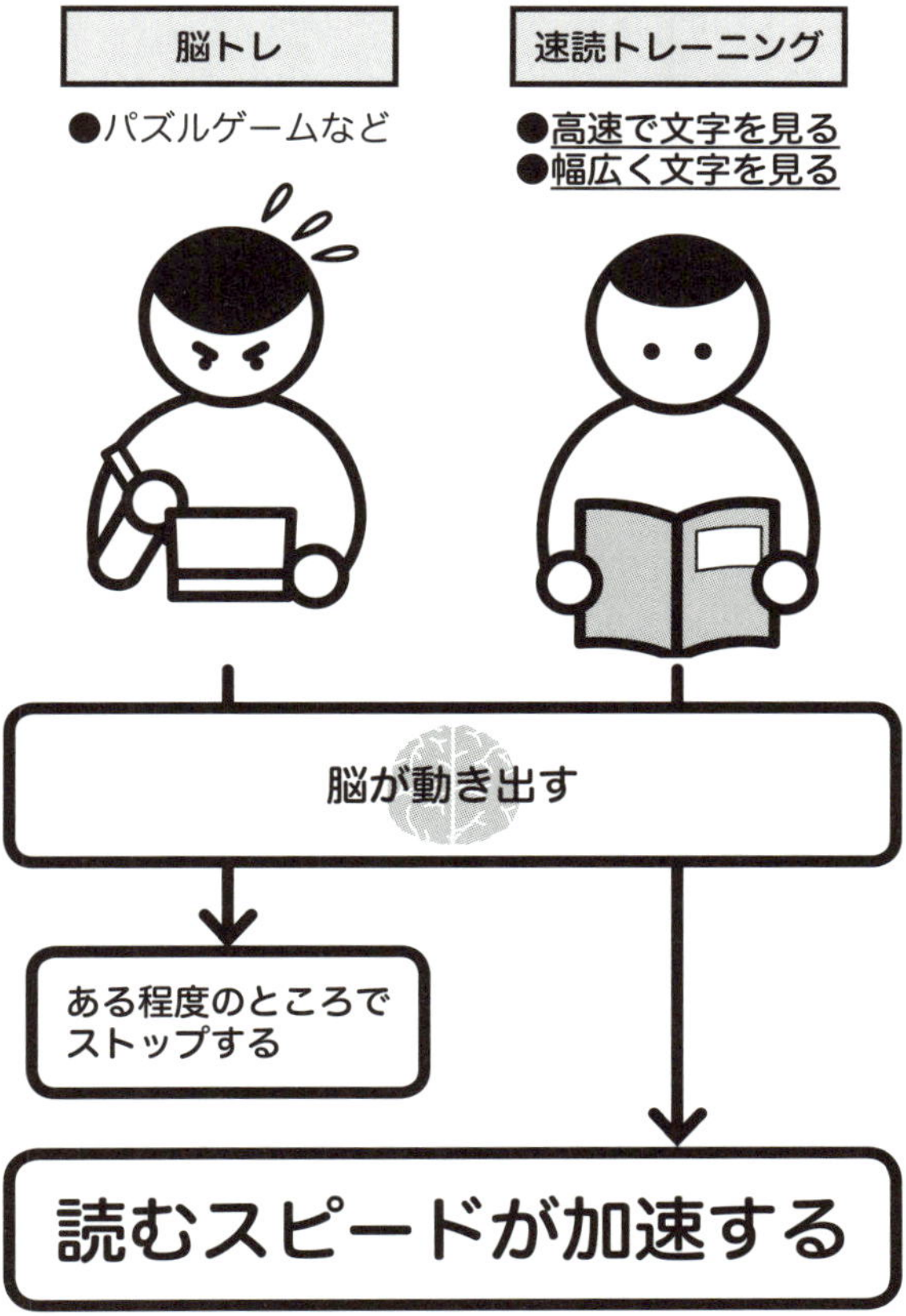

●**左脳……論理型。一つひとつのことを行なう（直列処理）**

●**右脳……イメージ型。複数のことを同時並行で行なう（並列処理）**

ここで、脳の働き方と速読との関係性を考えてみましょう。

いわゆる「なぞり読み」をしているときは、一文字一文字目で追いかけていることから、「左脳」を使って読んで理解していることになります。

それに対し、「見て理解」する読み方は、複数文字をまとめて見て、言葉や文章の意味をイメージしてとらえるため、「右脳」を使って読んでいることになります。

つまり、「なぞり読み」から「見て理解する読み方」に切り替えるためには、**「右脳」を働かせることが重要**になります。速読トレーニングを行う際も、右脳を働きやすくさせることが欠かせません。

右脳を働きやすくさせるためには?

では、右脳が働きやすくなる環境とはどんなものなのでしょうか?

これについてはいろいろな考え方がありますが、重要なのは、「**楽しみながら取り組むこと**」です(38ページの図5参照)。

たとえば、速読ドリルシリーズに取り組むときは、一人ではなく、家族や友人など、複数名で取り組むことをおすすめします。

「誰が一番速く解けるか?」と、ゲーム感覚で取り組むのもいいでしょう。

リズミカルな曲をかけながら、曲調に合わせて速く解いてみるのもいいかもしれません。あなたにとって、**楽しみながら取り組める環境を意識してつくることで、右脳が働きやすくなり、速読も身につきやすくなります**。

図5　速読ができるようになるまでの流れ

一人ではなく、家族や仲間と一緒に楽しみながら取り組む

↓

右脳が活性化する

↓

見て理解する速度が加速する

↓

速読ができるようになる

1-6

速読をする目的を明確にしよう

トレーニングを続けるための秘訣

よくダイエットが続かない人がいますが、あれはなぜだと思いますか？

ひとつは、「苦しいから」だと思います。人間は誰しも、できればラクをしたいもの。苦しいやり方では、なかなか続きません。

そこでこの『速読トレーニング』では、できるだけ楽しめる問題を厳選して掲載しています。

ですが、問題を解くだけではどうしても限界があるのも事実です。

では、どうすればいいのでしょうか。

それは、**目的を明確にするということ**です。

何事も、続けるためには目的が欠かせません。

そもそもみなさんが速読に興味をお持ちになったきっかけは、その多くが、「何か実現したいことがあるから」だと思います。

たとえば図6のように「本をたくさん読めるようになりたい」とか、「TOEICの問題を時間内に解けるようになりたい」、「効率よく仕事ができるようになりたい」といったものがきっかけにあたります。

その本来の目的がハッキリしていればしているほど、モチベーションが上がり、楽しみながら取り組めます。多少難しい問題が出てきても、乗り越えられる確率も高くなります。

図6　トレーニングを続けるための秘訣

目的を明確にする

速読をマスターすることで
「何を」実現したいのか考える

例）本をたくさん読めるようになりたい
　　TOEICの問題を時間内に解けるようになりたい
　　効率よく仕事ができるようになりたい　など

「速読達成」を最終ゴールにしない

速読はあくまで「ツール」なので、それ自体の
習得が目的になってしまうと、ワクワクしない
⇓
モチベーションを持続させるのが難しくなる

一方、目的が定まらず、単に「速読ができるようになりたい」というだけだと、どうしてもやる気を持続させるのが難しくなります。

そのため、あくまでも速読習得は通過点として考え、もともと速読に興味を持つきっかけとなった本来の目的を思い出してみてください。そして常にその目的を達成することを念頭に置きながら取り組んでいただきたいと思います。

速読マニアになるべからず

そして**問題を解く際は、解くスピードに夢中になりすぎないように注意してください**。

問題を解く時間を計測すれば、成長度合いが「所要時間」という数字に表れます。そのため、この所要時間が短くなるのが楽しくなってトレーニングに取り組む方もいらっしゃいます。

これはこれで悪いことではありません。

しかし、ここで注意していただきたいのは、本来の目的を忘れてしまって、ただの速読マニアにならないでいただきたいということです。

たとえて言うなら、サッカー選手が筋トレそのものにはまってしまって実践練習をまったくせず、基礎体力だけが完璧な状態になっているのと同じことです。

速読そのものは、あくまでも文字情報を処理するためのツールにすぎません。

ですが、このツールを最大限活用して本来の目標を達成できれば、これほど素晴らしいツールはないとも思います。

あくまで、本来の目標を達成するための速読トレーニングであるという意識を持ちながら、第2章からの問題に取り組んでいただきたいと思います。

第2章

間違い探しトレーニング

（文字編）

2-1

やり方と注意点

やり方

問題の中で、ひとつだけ違っている漢字を見つけましょう。

身につくこと

速読に必要な視線の動かし方を身につける問題です。視線の移動が少なければ少ないほど、見つけるスピードも速くなります。なるべく視野を広げ、視点を動かす回数を少なくするよう心がけてください。問題は、例題、本題と続きます。

▼ 例題

人　人　人　人　人　人　人　人　人　人
人　人　人　人　人　人　人　人　人　人
人　人　人　人　人　人　人　人　人　人
人　人　人　人　人　人　人　人　人　人
人　人　人　入　人　人　人　人　人　人
人　人　人　人　人　人　人　人　人　人
人　人　人　人　人　人　人　人　人　人
人　人　人　人　人　人　人　人　人　人
人　人　人　人　人　人　人　人　人　人
人　人　人　人　人　人　人　人　人　人

※解答は59ページ

▼本題①

間	間	間	間	間
間	間	間	間	間
間	間	間	間	間
間	間	間	間	間
間	間	間	間	間
間	間	間	間	間
問	間	間	間	間
間	間	間	間	間
間	間	間	間	間
間	間	間	間	間

※解答は59ページ

間	間	間	間	間
間	間	間	間	間
間	間	間	間	間
間	間	間	間	間
間	間	間	間	間
間	間	間	間	間
間	間	間	間	間
間	間	間	間	間
間	間	間	間	間
間	間	間	間	間

▼本題②

恋	恋	恋	恋	恋
恋	恋	恋	恋	恋
恋	恋	恋	恋	恋
恋	恋	恋	恋	恋
恋	恋	恋	恋	恋
恋	恋	恋	恋	恋
恋	恋	変	恋	恋
恋	恋	恋	恋	恋
恋	恋	恋	恋	恋
恋	恋	恋	恋	恋

※解答は59ページ

恋	恋	恋	恋	恋
恋	恋	恋	恋	恋
恋	恋	恋	恋	恋
恋	恋	恋	恋	恋
恋	恋	恋	恋	恋
恋	恋	恋	恋	恋
恋	恋	恋	恋	恋
恋	恋	恋	恋	恋
恋	恋	恋	恋	恋
恋	恋	恋	恋	恋

▼本題③

昨	昨	昨	昨	昨
昨	昨	昨	昨	昨
昨	昨	昨	昨	昨
昨	昨	昨	昨	昨
昨	昨	昨	昨	昨
昨	昨	昨	昨	昨
昨	昨	昨	昨	昨
昨	昨	昨	昨	昨
昨	昨	昨	昨	昨
昨	昨	昨	昨	昨

※解答は60ページ

昨	昨	昨	昨	昨
昨	昨	昨	昨	昨
昨	昨	昨	昨	昨
昨	昨	昨	昨	昨
昨	昨	昨	昨	昨
昨	昨	昨	昨	昨
昨	昨	昨	昨	昨
昨	昨	昨	昨	昨
昨	昨	昨	昨	昨
咋	昨	昨	昨	昨

▼本題④

堀	堀	堀	堀	堀
堀	堀	堀	堀	堀
堀	堀	堀	堀	堀
堀	堀	堀	堀	堀
掘	堀	堀	堀	堀
堀	堀	堀	堀	堀
堀	堀	堀	堀	堀
堀	堀	堀	堀	堀
堀	堀	堀	堀	堀
堀	堀	堀	堀	堀

※解答は60ページ

堀	堀	堀	堀	堀
堀	堀	堀	堀	堀
堀	堀	堀	堀	堀
堀	堀	堀	堀	堀
堀	堀	堀	堀	堀
堀	堀	堀	堀	堀
堀	堀	堀	堀	堀
堀	堀	堀	堀	堀
堀	堀	堀	堀	堀
堀	堀	堀	堀	堀

▼本題 ⑤

弊	弊	弊	弊	弊
弊	弊	弊	弊	弊
弊	弊	弊	弊	弊
弊	弊	弊	弊	弊
弊	弊	弊	弊	弊
弊	弊	弊	弊	弊
弊	弊	弊	弊	弊
弊	弊	弊	弊	弊
弊	弊	弊	弊	弊
弊	弊	弊	弊	弊

※解答は60ページ

弊	弊	弊	弊	弊
弊	弊	弊	弊	弊
弊	弊	弊	弊	弊
弊	弊	弊	弊	弊
弊	弊	弊	弊	弊
弊	弊	弊	弊	弊
弊	弊	弊	弊	弊
弊	弊	弊	弊	弊
弊	弊	弊	幣	弊
弊	弊	弊	弊	弊

いかがでしたか?

この問題を解くスピードが速くなればなるほど、視野が広がります。視野が広がり、瞬時に違和感を感じ取れるようになると、ほしい情報を瞬時に見つけることができるようになります。

たとえば新聞で気になるニュースをチェックしたり、株価をチェックしたりするのに役立ちます。ほかにも、メールなどの誤字・脱字も素早く見つけられるようになり、作業効率もアップします。

▼解答

◀例題

人	人	人	人	人	人	人	人	人	人
人	人	人	人	人	人	人	人	人	人
人	人	人	人	人	人	人	人	人	人
人	人	人	人	人	人	人	人	人	人
人	人	人	入	人	人	人	人	人	人
人	人	人	人	人	人	人	人	人	人
人	人	人	人	人	人	人	人	人	人
人	人	人	人	人	人	人	人	人	人
人	人	人	人	人	人	人	人	人	人
人	人	人	人	人	人	人	人	人	人

◀本題①

間	間	間	間	間	間	間	間	間	間
間	間	間	間	間	間	間	間	間	間
間	間	間	間	間	間	間	間	間	間
間	間	間	間	間	間	間	間	間	間
間	間	間	間	間	間	間	間	間	間
間	間	間	間	間	間	間	間	間	間
間	間	間	間	間	問	間	間	間	間
間	間	間	間	間	間	間	間	間	間
間	間	間	間	間	間	間	間	間	間
間	間	間	間	間	間	間	間	間	間

◀本題②

恋	恋	恋	恋	恋	恋	恋	恋	恋	恋
恋	恋	恋	恋	恋	恋	恋	恋	恋	恋
恋	恋	恋	恋	恋	恋	恋	恋	恋	恋
恋	恋	恋	恋	恋	恋	恋	恋	恋	恋
恋	恋	恋	恋	恋	恋	恋	恋	恋	恋
恋	恋	恋	恋	恋	恋	恋	恋	恋	恋
恋	恋	恋	恋	恋	恋	恋	変	恋	恋
恋	恋	恋	恋	恋	恋	恋	恋	恋	恋
恋	恋	恋	恋	恋	恋	恋	恋	恋	恋
恋	恋	恋	恋	恋	恋	恋	恋	恋	恋

解答

昨	昨	昨	昨	昨	昨	昨	昨	昨	昨
昨	昨	昨	昨	昨	昨	昨	昨	昨	昨
昨	昨	昨	昨	昨	昨	昨	昨	昨	昨
昨	昨	昨	昨	昨	昨	昨	昨	昨	昨
昨	昨	昨	昨	昨	昨	昨	昨	昨	昨
昨	昨	昨	昨	昨	昨	昨	昨	昨	昨
昨	昨	昨	昨	昨	昨	昨	昨	昨	昨
昨	昨	昨	昨	昨	昨	昨	昨	昨	昨
昨	昨	昨	昨	昨	昨	昨	昨	昨	昨
(咋)	昨	昨	昨	昨	昨	昨	昨	昨	昨

◀本題③

堀	堀	堀	堀	堀	堀	堀	堀	堀	堀
堀	堀	堀	堀	堀	堀	堀	堀	堀	堀
堀	堀	堀	堀	堀	堀	堀	堀	堀	堀
堀	堀	堀	堀	堀	堀	堀	堀	堀	堀
堀	堀	堀	堀	堀	(掘)	堀	堀	堀	堀
堀	堀	堀	堀	堀	堀	堀	堀	堀	堀
堀	堀	堀	堀	堀	堀	堀	堀	堀	堀
堀	堀	堀	堀	堀	堀	堀	堀	堀	堀
堀	堀	堀	堀	堀	堀	堀	堀	堀	堀
堀	堀	堀	堀	堀	堀	堀	堀	堀	堀

◀本題④

弊	弊	弊	弊	弊	弊	弊	弊	弊	弊
弊	弊	弊	弊	弊	弊	弊	弊	弊	弊
弊	弊	弊	弊	弊	弊	弊	弊	弊	弊
弊	弊	弊	弊	弊	弊	弊	弊	弊	弊
弊	弊	弊	弊	弊	弊	弊	弊	弊	弊
弊	弊	弊	弊	弊	弊	弊	弊	弊	弊
弊	弊	弊	弊	弊	弊	弊	弊	弊	弊
弊	弊	弊	弊	弊	弊	弊	弊	弊	弊
弊	弊	弊	(幣)	弊	弊	弊	弊	弊	弊
弊	弊	弊	弊	弊	弊	弊	弊	弊	弊

◀本題⑤

第3章

間違い探しトレーニング（イメージ編）

3-1

やり方と注意点

やり方

2枚のイラストを比較し、違いを見つけましょう。違いは各7つあります。

身につくこと

第2章と同じく、幅広く見る力を鍛える問題です。イラストをこまめに見比べて違いを探すのではなく、できるだけ視点を動かさずに探すようにしてください。幅広く見る意識を持つことで、速読に欠かせない見方が身につきます。

▼ 例題

※解答は73ページ

（間違いは７つあります）

▼本 題 ①

※解答は73ページ

（間違いは7つあります）

▼ 本題 ②

※解答は74ページ

（間違いは７つあります）

▼本題③

※解答は74ページ

TV

（間違いは７つあります）

本題④

※解答は74ページ

いかがでしたか？

絵やイラストだと、第2章の問題を解いたときと違って、目線をほとんど動かすことなく、全体をパッと見渡すようにして間違いを探すと思います。

この「パッと全体を見る」感覚を、文章であっても同じように行なうことで、「読んで理解」から「見て理解」の切り替えができるようになります。そしてパッと見える文字数が増えていけば、読書速度はさらに増していきます。

イラストを使った問題トレーニングは、楽しみながら取り組めるのですが、どうしてもそこで慢心してしまいがちです。必ずセットで、次の章の文章を使った問題にも取り組むようにしましょう。その際、「読んで理解」から「見て理解」への切り替えを意識することも忘れないようにしてください。

▼ 解答

◀例　題

◀本題①

※島の大きさが違う

※顔の角度が違う

▼解答

本題②▶

※大きさが違う

本題③
▼

本題④▶

※結び目の大きさが違う

第4章
イメージトレーニング
（文字⇕イメージ）

4-1
やり方と注意点

やり方

問題にある文字を3秒間見て、思い浮かぶ情景を絵で描いてみましょう。

身につくこと

文字を見てイメージする力を鍛えることで、見て理解する感覚を磨きます。文字をなぞりながら読むのではなく、パッと見るようにしてください。慣れてきたら、文字をパッと見るだけで理解する感覚をつかめるようになります。

▼ 例題

チューリップ

春

蝶

馬車

噴水

▼ 解答

※解答例は89ページ

▼本題①

カフェ

塔

夕日

パン

ワイン

※解答欄は83ページ

▼本題②

オアシス

寺院

じゅうたん

ラクダ

月

※解答欄は84ページ

▼本題③

オーロラ

ロッジ

ソリ

シカ

たき火

※解答欄は85ページ

▼本題④

山

ビーチボール

ヤシの木

富豪

サーフィン

※解答欄は86ページ

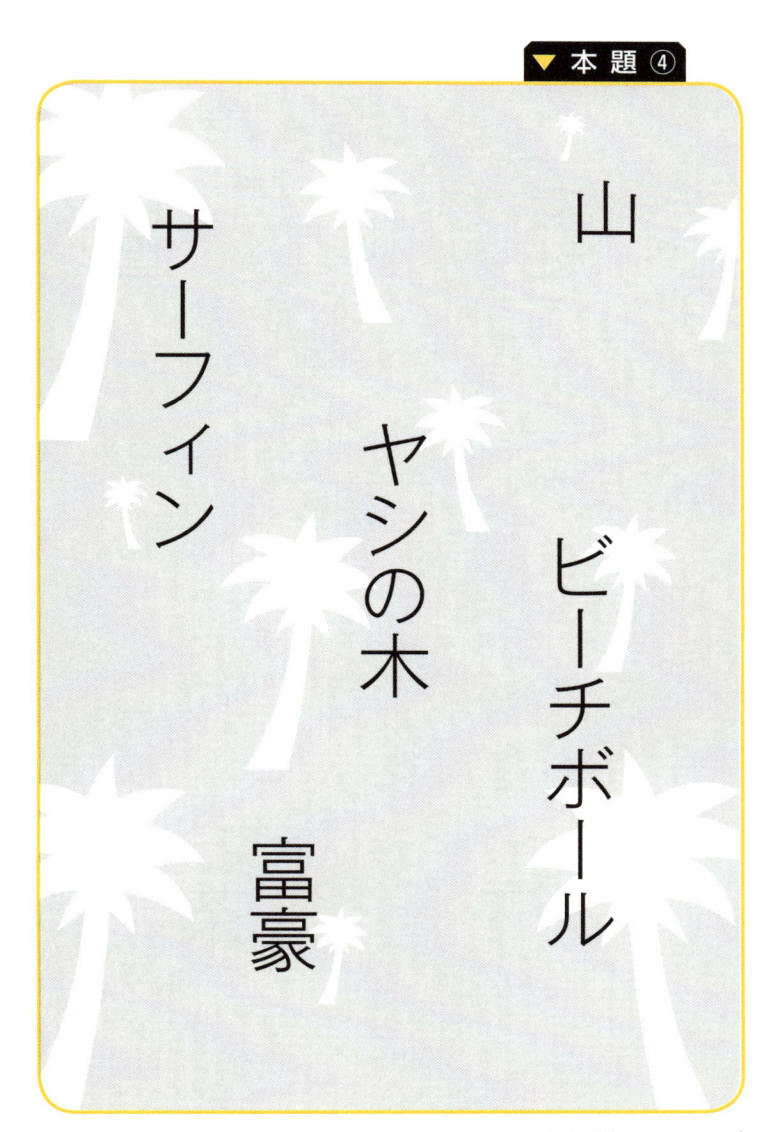

▼本題⑤

紅葉

女性

神社

お茶

庭

※解答欄は87ページ

▼ 解答 ①

※解答例は89ページ

▼解答②

※解答例は89ページ

▼ 解答 ③

※解答例は90ページ

▼解答④

※解答例は90ページ

▼ 解答 ⑤

※解答例は90ページ

いかがでしたか？　この章では、あえて単語を散らばらせることで、単語をなぞりながら読むのではなく、見てイメージする感覚を養っていただきました。解答例にあるイラストをご覧になって、「そうそう、これ！」と、納得された方もいらっしゃるかと思います。特に本題⑤にある神社の風景は、描こうとすると難しいものです。解答例のように、雰囲気だけでもわかれば問題ありません。

文字を眺めるだけだと、どうしても抽象的なイメージしか思い浮かびません。しかし、実際に手で描いてみることで、より頭の中の事例が具体化されます。

イメージが思い浮かばなかった方も、訓練することで徐々に認識できるようになりますので、ぜひ根気強く取り組んでみてください。

解けるようになった方は、好きな本の中からランダムに5つほど単語を取り出し、イラストにしてみるのもトレーニングのひとつです。旅先などで撮った写真をもとにキーワードを5つ抽出し、文章にしてみるのも、いい練習になるでしょう。問題を解き終わった後も、ぜひいろいろ試してみていただきたいと思います。

▼解答例

◀例題

◀本題①

◀本題②

▼解答例

◀本題③

◀本題④

◀本題⑤

第5章
認識トレーニング
（数字編）

5-1

やり方と注意点

やり方

問題は2パターンあります。本題①③⑤は、各行に指定した数字や文字が入っている場合、右端のチェックボックスにチェックを入れてください。本題②④⑥は、指定した数字や文字が各行にいくつあるか、数えて書いてください。

身につくこと

数字や文字全体をパッと見て、目線を上から下に動かす意識を持ちながらチェックすることで、「読んで理解」から「見て理解」ができるようになります。

▼ 例題

各行に、「3」が入っている場合、行の右端にチェックマークをつけてください。

（目標時間：10秒）

										check
1	2	5	0	7	1	8	4	5	3	✓
4	3	0	5	6	8	7	9	2	1	✓
4	1	0	9	5	6	2	7	9	6	✓
0	5	7	3	6	2	1	4	8	9	✓
9	8	5	6	2	8	7	0	1	4	✓
4	6	2	1	8	0	7	9	3	5	✓
6	9	4	8	9	3	2	1	7	0	✓
3	2	1	9	0	4	6	9	5	7	✓
8	4	0	2	1	8	7	3	9	5	✓
6	5	2	1	7	4	6	0	7	8	✓

※解答は94ページ

▼ 解答

各行に、「3」が入っている場合、行の右端にチェックマークをつけてください。

（目標時間：10 秒）

										check
1	2	5	0	7	1	8	4	5	3	✓
4	3	0	5	6	8	7	9	2	1	✓
4	1	0	9	5	6	2	7	9	6	
0	5	7	3	6	2	1	4	8	9	✓
9	8	5	6	2	8	7	0	1	4	
4	6	2	1	8	0	7	9	3	5	✓
6	9	4	8	9	3	2	1	7	0	✓
3	2	1	9	0	4	6	9	5	7	✓
8	4	0	2	1	8	7	3	9	5	✓
6	5	2	1	7	4	6	0	7	8	

▼本題①

各行に、「5」が入っている場合、行の右端にチェックマークをつけてください。

（目標時間：10秒）

										check
1	2	3	4	5	6	7	8	9	5	☐
3	4	3	2	4	9	5	6	3	1	☐
6	8	4	6	3	7	9	0	4	3	☐
7	7	9	5	6	8	0	3	7	2	☐
6	7	9	1	1	5	3	4	4	9	☐
2	9	4	6	4	1	7	3	9	1	☐
4	7	8	1	3	6	7	9	3	2	☐
1	9	3	6	5	7	4	0	1	3	☐
8	4	8	7	3	6	3	4	5	1	☐
0	9	6	3	4	9	7	5	1	3	☐

※解答は101ページ

▼本題②

各行に「6」がいくつあるか数えましょう。

（目標時間：10秒）

1	2	3	4	5	6	7	8	9	5	個
3	4	3	2	4	9	5	8	3	1	個
6	8	4	1	3	7	9	0	4	3	個
7	1	9	5	6	8	0	3	7	2	個
6	7	9	1	8	5	3	4	2	9	個
2	9	4	3	4	1	7	5	9	1	個
4	7	8	1	3	6	7	9	3	2	個
1	9	3	6	5	7	4	6	1	3	個
8	4	2	7	3	6	3	4	5	1	個
0	9	6	3	4	9	7	5	1	3	個

※解答は102ページ

▼本題③

各行に、「む」が入っている場合、行の右端にチェックマークをつけてください。

（目標時間：10 秒）

	check
おあえわねそけるじん	☐
じゆげむかいじやりす	☐
そるげしんごとういち	☐
をつていくむさけるに	☐
はこまたちにくなるれ	☐
ましてぬでめたせかん	☐
していくれちみまがで	☐
うのがこむなうかどん	☐
さのありがはずれまむ	☐
もむそれでいもかしれ	☐

※解答は103ページ

各行に「6」がいくつあるか数えましょう。

（目標時間：20 秒）

8	5	6	9	2	1	0	4	2	1	個
5	2	9	3	1	0	2	4	3	7	個
8	4	7	1	2	8	9	5	9	4	個
5	7	8	4	8	6	2	8	0	9	個
2	3	9	5	1	4	8	7	9	1	個
3	7	5	4	6	3	9	2	1	9	個
1	3	6	5	9	4	2	3	4	3	個
6	9	7	8	5	1	6	7	6	9	個
3	7	6	1	6	8	5	6	2	4	個
5	3	0	5	1	3	4	8	7	8	個
個	個	個	個	個	個	個	個	個	個	

※解答は104ページ

▼本題⑤

各行に、「イ」が入っている場合、行の右端にチェックマークをつけてください。

（目標時間：10秒）

	check
スルテシクベスハタリ	☐
ナウヨノイハレソタシ	☐
マキデガトコルスヲア	☐
ニチタラシスマリウワ	☐
トコマリスアプヨニノ	☐
ピルイテケシコラカル	☐
イテレカチメヲデスノ	☐
ソハジスヒメカイトヲ	☐
シテルロトアリマニタ	☐
マソデタニイヲコガキ	☐

※解答は105ページ

▼本題 ⑥

各行に「ヌ」がいくつあるか数えましょう。

（目標時間：20 秒）

ス	ル	ヌ	シ	ク	ベ	ス	ハ	ヌ	リ	個
ナ	ウ	ヨ	ノ	イ	ハ	レ	ソ	タ	シ	個
マ	キ	テ	カ	ト	コ	ル	ス	ヲ	ア	個
ニ	ヌ	タ	ラ	シ	ヌ	マ	リ	ウ	ワ	個
ト	コ	マ	リ	ス	ア	ヌ	ヨ	ニ	ノ	個
ヌ	ル	イ	テ	ケ	シ	コ	ラ	カ	ル	個
イ	テ	レ	カ	チ	ヲ	ヌ	ノ	メ	ヌ	個
ヌ	ハ	カ	ス	ヒ	メ	ヌ	イ	ト	ヲ	個
シ	テ	ル	ロ	ト	ア	リ	マ	ニ	タ	個
マ	ソ	ヌ	タ	ニ	ル	ヲ	コ	ヌ	キ	個
個	個	個	個	個	個	個	個	個	個	

※解答は106ページ

▼ 解答 ①

各行に、「5」が入っている場合、行の右端にチェックマークをつけてください。

（目標時間：10 秒）

										check
1	2	3	4	5	6	7	8	9	5	✓
3	4	3	2	4	9	5	6	3	1	✓
6	8	4	6	3	7	9	0	4	3	
7	7	9	5	6	8	0	3	7	2	✓
6	7	9	1	1	5	3	4	4	9	✓
2	9	4	6	4	1	7	3	9	1	
4	7	8	1	3	6	7	9	3	2	
1	9	3	6	5	7	4	0	1	3	✓
8	4	8	7	3	6	3	4	5	1	✓
0	9	6	3	4	9	7	5	1	3	✓

▼解答②

各行に「6」がいくつあるか数えましょう。

（目標時間：10秒）

1	2	3	4	5	6	7	8	9	5	1個
3	4	3	2	4	9	5	8	3	1	0個
6	8	4	1	3	7	9	0	4	3	1個
7	1	9	5	6	8	0	3	7	2	1個
6	7	9	1	8	5	3	4	2	9	1個
2	9	4	3	4	1	7	5	9	1	0個
4	7	8	1	3	6	7	9	3	2	1個
1	9	3	6	5	7	4	6	1	3	2個
8	4	2	7	3	6	3	4	5	1	1個
0	9	6	3	4	9	7	5	1	3	1個

▼ 解答 ③

各行に、「む」が入っている場合、行の右端にチェックマークをつけてください。

（目標時間：10 秒）

	check
おあえわねそけるじん	
じゆげむかいじやりす	✓
そるげしんごとういち	
をつていくむさけるに	✓
はこまたちにくなるれ	
ましてぬでめたせかん	
していくれちみまがで	
うのがこむなうかどん	✓
さのありがはずれまむ	✓
もむそれでいもかしれ	✓

▼解答④

各行に「6」がいくつあるか数えましょう。

（目標時間：20秒）

8	5	6	9	2	1	0	4	2	1	1個
5	2	9	3	1	0	2	4	3	7	0個
8	4	7	1	2	8	9	5	9	4	0個
5	7	8	4	8	6	2	8	0	9	1個
2	3	9	5	1	4	8	7	9	1	0個
3	7	5	4	6	3	9	2	1	9	1個
1	3	6	5	9	4	2	3	4	3	1個
6	9	7	8	5	1	6	7	6	9	3個
3	7	6	1	6	8	5	6	2	4	3個
5	3	0	5	1	3	4	8	7	8	0個
1個	0個	3個	0個	2個	1個	1個	1個	1個	0個	

▼解答⑤

各行に、「イ」が入っている場合、行の右端にチェックマークをつけてください。

（目標時間：10秒）

	check
スルテシクベスハタリ	
ナウヨノイハレソタシ	✓
マキデガトコルスヲア	
ニチタラシスマリウワ	
トコマリスアプヨニノ	
ピルイテケシコラカル	✓
イテレカチメヲデスノ	✓
ソハジスヒメカイトヲ	✓
シテルロトアリマニタ	
マソデタニイヲコガキ	✓

▼ 解答 ⑥

各行に「ヌ」がいくつあるか数えましょう。

（目標時間：10 秒）

ス	ル	ヌ	シ	ク	ベ	ス	ハ	ヌ	リ	2個
ナ	ウ	ヨ	ノ	イ	ハ	レ	ソ	タ	シ	0個
マ	キ	テ	カ	ト	コ	ル	ス	ヲ	ア	0個
ニ	ヌ	タ	ラ	シ	ヌ	マ	リ	ウ	ワ	2個
ト	コ	マ	リ	ス	ア	ヌ	ヨ	ニ	ノ	1個
ヌ	ル	イ	テ	ケ	シ	コ	ラ	カ	ル	1個
イ	テ	レ	カ	チ	ヲ	ヌ	ノ	メ	ヌ	2個
ヌ	ハ	カ	ス	ヒ	メ	ヌ	イ	ト	ヲ	2個
シ	テ	ル	ロ	ト	ア	リ	マ	ニ	タ	0個
マ	ソ	ヌ	タ	ニ	ル	ヲ	コ	ヌ	キ	2個
2個	1個	2個	0個	0個	1個	3個	0個	2個	1個	

いかがでしたか？

今までにないトレーニングになりますので、少々戸惑った方もいらっしゃるのではないでしょうか。

このトレーニングをくり返すことによって、文字をなぞりながら読むクセが取れ、「読んで理解」から「見て理解」に切り替えることができるようになります。

はじめはどうしても目線を左から右に動かしがちですが、あくまでも一行全体をパッと見て、文字、数字の有無を瞬間的に判断するように意識してみてください。何度か解いて、全問解けるようになったという方は、別の数字や言葉を設定して解いてみてください。何度かくり返し取り組んでいくうちに、きっと慣れてくるはずです。

第6章 視野拡大トレーニング

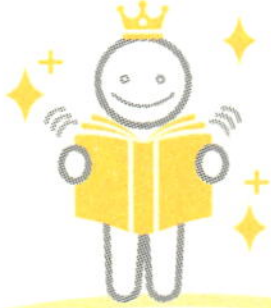

6-1

やり方と注意点

やり方

問題にあるイラストを3～5秒間眺め、果物とそれに対応するアルファベットを目に焼き付けてください。その後、設問にある果物（文字）の隣に、イラストに該当するアルファベットを書きます。

身につくこと

一度にパッと見る習慣をつけることで、理解できる幅が広がります。

▼ 例題

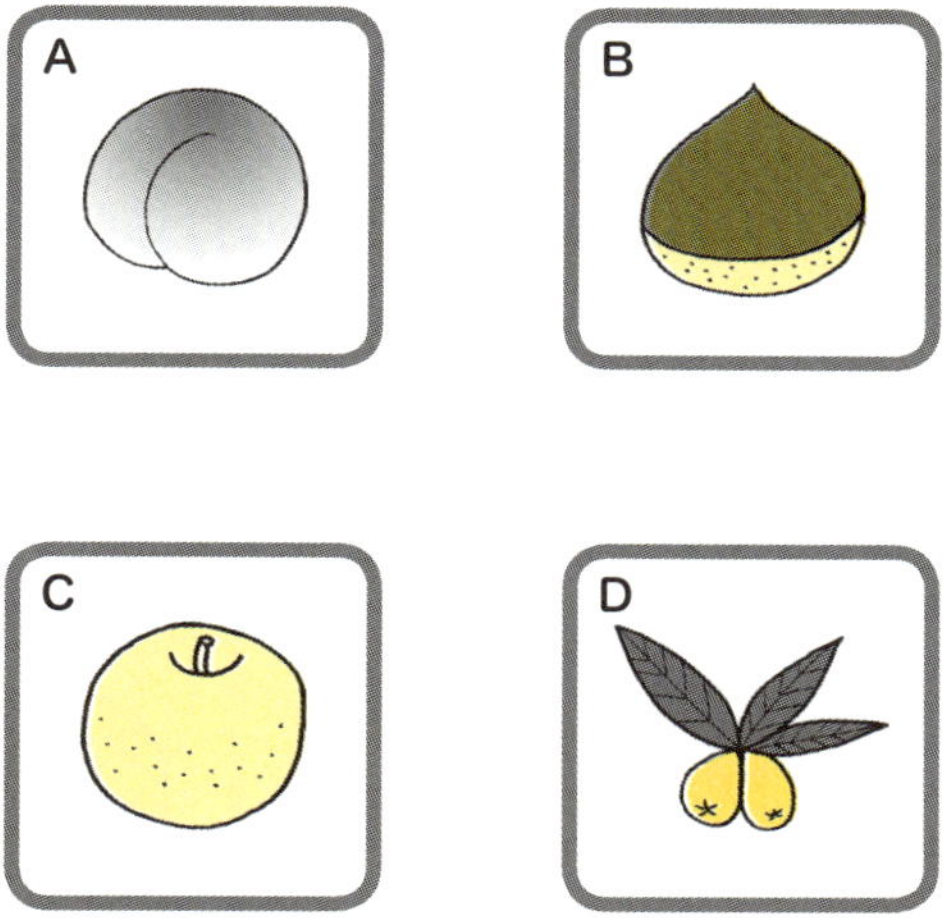

▼ 設問

バナナ

もも

くり

なし

びわ

ぶどう

すいか

※設問は118ページ

▼本題②

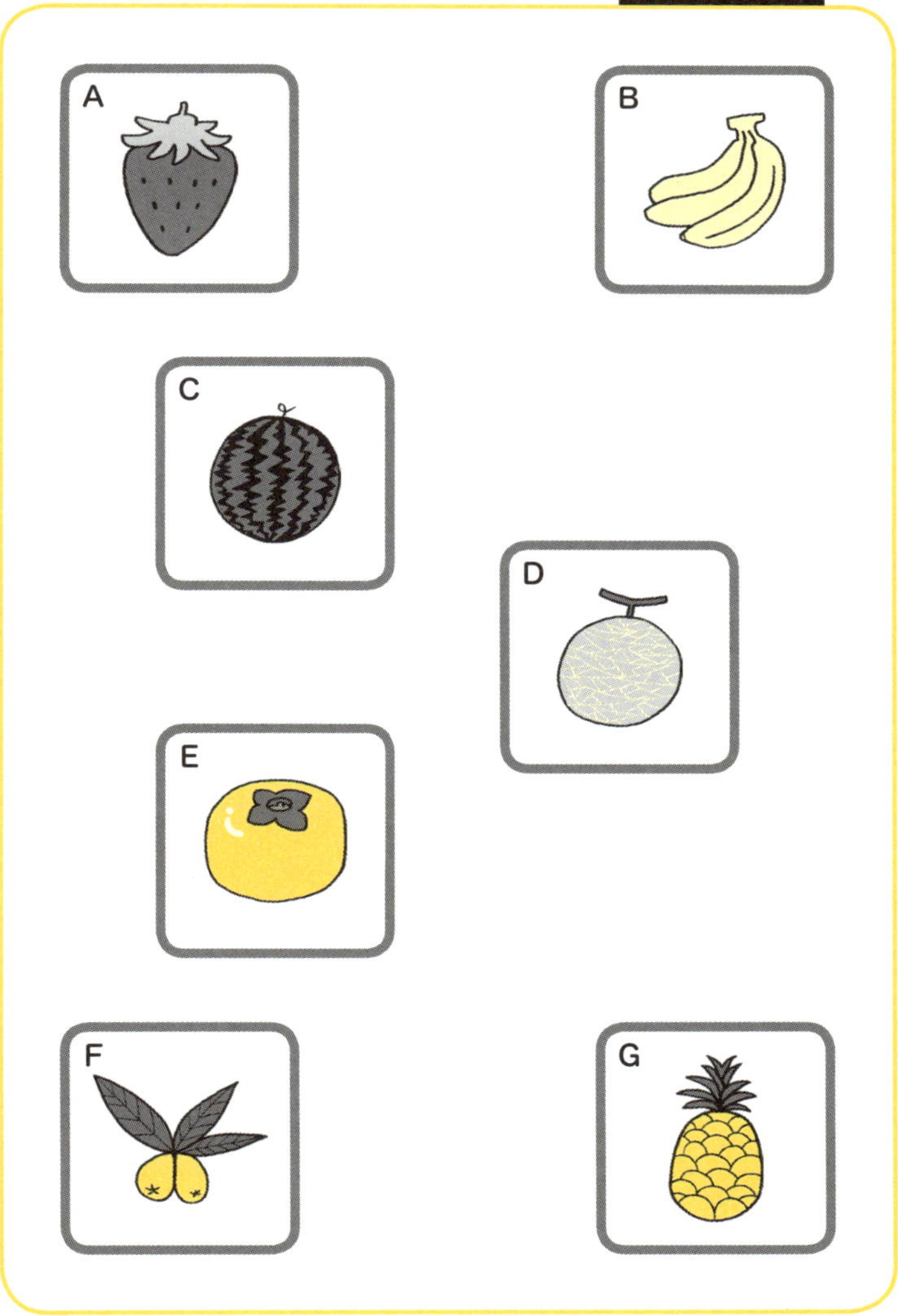

※設問は119ページ

▼本題③

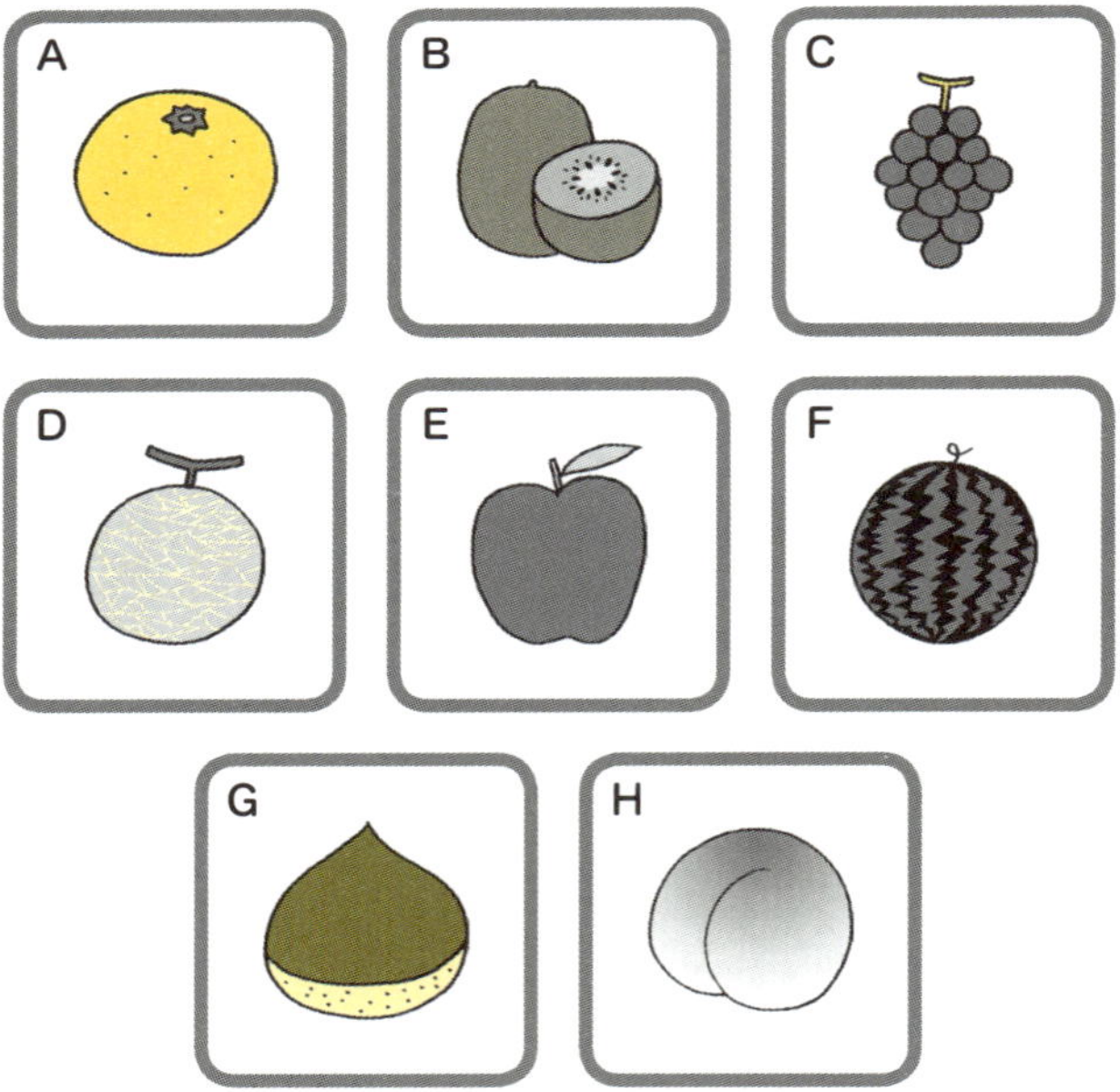

※設問は120ページ

▼本題④

※設問は121ページ

▼本題⑤

C

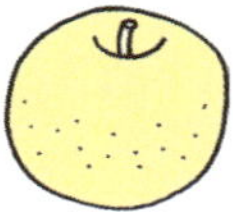

D

F

H

K

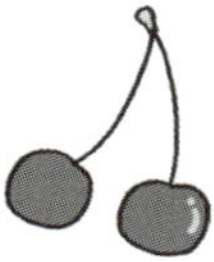

L

※設問は122ページ

A

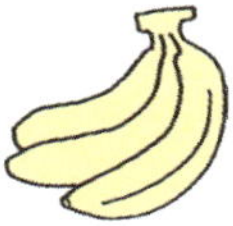

B

E

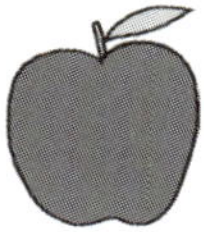

G

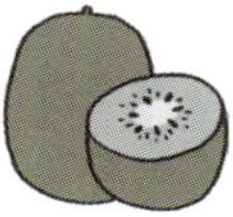

I

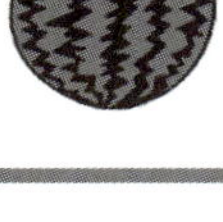

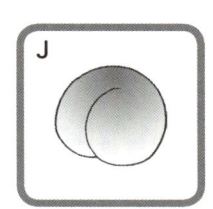

J

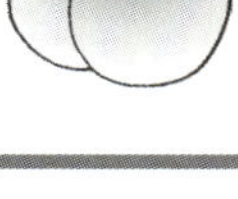

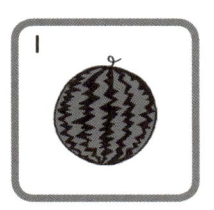

▼設問①

りんご

パイナップル

いちご

メロン

さくらんぼ

キウイ

みかん

かき

▼設問②

かき

なし

いちご

バナナ

すいか

びわ

キウイ

パイナップル

メロン

▼ 設問 ③

バナナ キウイ

みかん

りんご くり

さくらんぼ

メロン

もも

すいか ぶどう

▼設問④

キウイ

バナナ

さくらんぼ

ぶどう

くり

いちご

なし

かき

びわ

みかん

設問⑤

みかん

バナナ

パイナップル

かき

すいか

さくらんぼ

なし

りんご

キウイ

ぶどう

メロン

くり

びわ

もも

いちご

いかがでしたか？

前作で、速読教室で取り組んでいるトレーニング特典として「視野拡大トレーニング」を紹介させていただきましたが、これらはその応用になります。

難しいと感じられた方は、次のやり方がおすすめです。

まずは絵柄を覚えなくてもいいので、視点を本題の中心に置き、内側から外側に視点を広げていく感覚で順番に見ていきます。一番外側にある果物まで見たら、また一番内側にある果物を再度見直す、というやり方を数回くり返してみてください。これだけでも、見る幅を広げるトレーニングになります。

第7章

文章作成トレーニング

7-1

やり方と注意点

やり方

文字をパッと見て、情景をイメージしてみましょう。そして、問題にある言葉を使って文章を作成してみてください。各問30字での作成が目安ですが、30字を超えても大丈夫です。

身につくこと

単語と単語をつなぎ合わせて文章を作成することで、認識力を向上させることができます。

▼例題

ハンバーグ

フォーク

にんじん

▼解答

※解答例は139ページ

▼本題①

笑顔

信用

心

※解答欄は133ページ

▼本題②

シチュー

冬

天国

※解答欄は134ページ

▼本題③

成長

未来

継続

確実

※解答欄は135ページ

▼本題④

直感

決断

比較

従う

意味

※解答欄は136ページ

▼本題⑤

挑戦

新しい

責任

うれしい

楽しみ

※解答欄は137ページ

▼ 解 答 ①

※解答例は139ページ

▼ 解 答 ②

※解答例は139ページ

▼ 解答 ③

※解答例は140ページ

▼解答④

※解答例は140ページ

▼解答⑤

※解答例は140ページ

いかがでしたか？

よりよい文章を作成しようとしてついつい考え込んでしまいがちですが、あくまでもパッと思い浮かんだ情景をそのまま文章にするのがポイントです。

このトレーニングをくり返すことで、**「知っているけれど、意識的にアウトプットできない」部分が少しずつアウトプットできるようになります**。

また、文章を高速で流し読みしたときに目に入ってくる言葉から、何が書いてあるか、短時間でイメージする力が高まります。

解答はひとつではありません。解答例を参考に、ぜひいろいろな書き方を考えてみてください。

▼ 解答例

例 題▶

●フォークを使ってハンバーグとにんじんを食べた。

●ハンバーグに添えられていたにんじんを、フォークでのけた。

●ハンバーグはお箸で、にんじんはフォークで食べた。

本題①▶

●信用は、心と笑顔に宿る。

●その笑顔を見て、ようやく心からの信用を得られたと感じた。

本題②▶

●冬になるといつも、今は天国に行ってしまったお母さんが作ってくれたシチューを思い出す。

●天国に行っても、母が冬になるといつも作ってくれたシチューの味を忘れない。

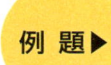

▼解答例

本題③▶

- 未来の成長のためには、確実に継続していくことが欠かせない。
- 確実に継続できる人こそ、未来の成長がある。

本題④▶

- 比較して決断することに意味がある。直感に従うのは慣れてからだ。
- 直感に従うことも大事だが、比較して決断することにも意味がある。

本題⑤▶

- 新しい職場で、挑戦する機会が増えてうれしい。責任も大きい分、大きな仕事に携われると思うと楽しみだ。
- 挑戦には楽しみと同時に責任が伴う。が、新しいチャンスも増えてうれしい。

第8章

一問一答・思い出しトレーニング

8-1

やり方と注意点

やり方

各問題文を30秒で読んだ後、該当ページの設問に答えてください。

※問題文・選択肢は、読みやすくするため一部変更しています（旧仮名づかいを現代仮名づかいに変更、原文の送り仮名、改行位置を一部変更）。あらかじめご了承ください。

身につくこと

この問題を高速かつ幅広く見て回答することで、瞬間認識力が向上します。

▼例題

こんな珍しい話がありますよ。
あるホテルであったことですがね。ある晩、そのホテルの帳場へ、築地の吉田という待合から電話が掛かって、「今夜わたしとこのお客がそちらへ行くから、泊めてくれないか。」というんです。「何という方だ。」ときくと、名前は今いえないという返事なので、それじゃ困ると、ホテルではひとまず断ったのでした。それで、もしも、そういう変な客が来たら、泊めないことにしようと、ホテルではきめて、夜勤の者にそういい含めておいたのです。ところが、こういう宿屋に勤めている人間のうちにも、薄ボンヤリした者が、一人や二人はあるもので、その晩の夜勤者が、不注意にも、その問題のお客を泊めることになったのです。帽子を深々とかぶって、顔じゅうをマスクでおおった、一目で変な人間と思われるお客が、やすやすと関所を通り抜けて、上等の客室へ収まりました。

『奇怪な客』正宗白鳥・著／「正宗白鳥全集第十二巻」福武書店

※設問は154ページ

▼本題①

「お姉ちゃん、お姉ちゃん、たいへん。」と、まくらをならべている正ちゃんが、夜中にお姉さんを起こしました。よく眠入っていたお姉さんは、何事かと思って、おどろいて目をさまして、「どうしたの、正ちゃん。」と、いまにも立ち上がろうとなさいました。

「あれ、たいへんじゃないか。」と、正ちゃんは、大きな目をあけて、耳をすましていました。

「なにさ、なにがたいへんなの。」

「アオン、アオンといっているだろう。あれは、黒いどらねこだよ。そして、ニャア、ニャアといっているのは、三毛なんだよ。」

正ちゃんは、ねこのけんかで目をさましたのでした。小さい三毛が、大きな黒ねこにいじめられているので、たいへんだと思ったのです。

「ねこのけんかでしょう。そんなことで、人を起こすものがありますか、びっくりするじゃありませんか。」と、お姉さんは、正ちゃんをしかりました。正ちゃんは、お床の中で、しばらく黒ねこと三毛ねこのけんかをきいていましたが、我慢がしきれなくなって、「しっ!」と、どなりました。そのうちに、ねこのなき声がしなくなりました。

「わるいどらねこだな。こんど見つけたら、石を投げてやるから。」

※設問は155ページ

そういって、正ちゃんは、眠りましたが、お姉さんは、なかなか眠れませんでした。明くる日の朝、みんなが、テーブルの前にすわったとき、「あんなことで、起こすものじゃなくてよ。」と、正ちゃんは、お姉さんにしかられました。ところが、その日の午後でありました。お姉さんが、学校から帰ってくると、往来で遊んでいた正ちゃんが、遠くから、見つけてかけてきて、「お姉さん!」と、呼びました。これを見た、お姉さんは、思わずにっこりなさいました。正ちゃんは、やっと、お姉さんに近づくと、「お姉ちゃん、おしるこがあるよ。だけど、たった、一杯!」と、大きな声で、いいました。歩いている人が、これをきいて、笑ってゆきました。お姉さんも、きまりが悪くなりました。お家へ帰ると、お姉さんは、「なぜ、あんなみっともないことをいうの、人が笑ってゆくじゃありませんか。」といって、正ちゃんをしかりました。

『ねことおしるこ』小川未明・著/「定本小川未明童話全集10」講談社

この世界が造られましたときに、三人の美しい天使がありました。いちばん上の姉さんは、やさしい、さびしい口数の少ない方で、そのつぎの妹は、まことに麗しい、目の大きいぱっちりとした方で、末の弟は快活な正直な少年でありました。

みんなは、それぞれこの世界が造られるはじめてのことでありますので、なにかに姿を変えなければなりませんでした。

「よく考えて、自分のなりたいと思うものになるがいい。けれど、一度姿を変えてしまったなら、永久に、ふたたびもとのような天使にはなれないのだから、よく考えてなるがいい。」と、神さまは申されました。

三人の姉と妹と弟は、それぞれなにになったらいいだろうと考えました。姿を変えてしまえば、もういままでのように、三人は仲よくいっしょにいて、話をすることもできなければ、また顔を見ることもできないと思います。三人は、それが悲しくてなりませんでした。

気の弱い妹は、目にいっぱい涙をためてうつむいていました。すると、気高い、さびしい姉は、やさしく妹をなぐさめて、

「たとえ、遠く離れることがあっても、私たちは、毎晩顔を見あうことができれば、それ

※設問は156ページ

で満足するであろう。」といいました。

いよいよ三人の決心はつきました。そして、神さまから、おまえたちは、なにになるかと問われましたときに、
いちばん上の気高い姿の姉は、「私は、星になります。」と申しました。

つぎの妹は、「私は、花になります。」と申しました。

そして、末の弟は、「私は、小鳥になります。」と申しあげました。

神さまは、いちいちそれを聞いて、お許しになりました。こうして、三人は、ついに、星と花と小鳥になってしまったのです。

星は夜ごとに空に輝きましたけれど、幾百万里となく遠く地の上から隔たってしまって、もはや言葉を交わすこともできなくなりました。それでも花は、夜ごとに空を向いて、星から降ってくる露を身に受けました。小鳥となってしまった弟は、昼間は、すぐの姉の花のそばへ行って遊び、さえずっていましたけれど、いちばん上の姉の姿を見ることができませんでした。


『王さまの感心された話』小川未明・著／「小川未明童話全集1」講談社

▼本題③

あるうちに一つの鳥かごがありました。

鳥かごというよりは、鳥箱という方が、よくわかるかもしれません。それは、天井と、底と、三方の壁とが、無暗に厚い板でできていて、正面たけが、針がねの網でこさえた戸になっていました。

そして小さなガラスの窓が横の方についていました。ある日一匹の子供のひよどりがその中に入れられました。ひよどりは、そんなせまい、くらいところへ入れられたので、いやがってバタバタバタバタしました。

鳥かごは、早速、「バタバタいっちゃいかん。」といいました。ひよどりは、それでも、まだ、バタバタしていましたが、つかれてうごけなくなると、こんどは、おっかさんの名を呼んで、泣きました。鳥かごは、早速、「泣いちゃいかん。」といいました。この時、とりかごは、急に、はははあおれは先生なんだなと気がつきました。なるほど、そう気がついて見ると、小さなガラスの窓は、鳥かごの顔、正面の網戸が、立派なチョッキというわけでした。いよいよそうきまって見ると、鳥かごは、もう、一分もじっとしていられませんでした。そこで「おれは先生なんだぞ。鳥箱先生というんだぞ。お前を教育するんだぞ。」といいました。ひよどりも仕方なく、それからは、鳥箱先生と呼んでいました。

※設問は157ページ

けれども、ひよどりは、先生を大嫌いでした。毎日、じっと先生の腹の中に居るのでしたが、もう、それを見るのもいやでしたから、いつも目をつぶっていました。目をつぶっても、もしか、ひょっと、先生のことを考えたら、もうむねが悪くなるのでした。ところが、そのひよどりは、ある時、七日というもの、一つぶの粟も貰いませんでした。みんな忘れていたのです。そこで、もうひもじくって、ひもじくって、とうとう、くちばしをパクパクさせながら、死んでしまいました。

鳥箱先生も「ああ哀れなことだ」といいました。その次に来たひよどりの子供も、丁度その通りでした。ただ、その死に方が、すこし変わっていただけです。それは腐った水を貰った為に、赤痢になったのでした。

その次に来たひよどりの子供は、あんまり空や林が恋しくて、とうとう、胸がつまって死んでしまいました。

『鳥箱先生とフウねずみ』宮沢賢治・著／「新修宮沢賢治全集　第八巻　童話1」筑摩書房

私の「美しい村」は予定よりだいぶ遅れて、或る日のこと、漸《や》っと脱稿した。すでに七月も半ばを過ぎていた。そうして私はそれを書き上げ次第、この村から出発するつもりであったのに、私はなおも、そういう一人の少女のために、一日一日と私の出発を延ばしながら、私がその物語の背景に使った、季節前の、気味悪いくらいにひっそりした高原の村が、次第次第に夏の季節《シイズン》にはいり、それと同時にこの村にもぽつぽつと避暑客たちが這入《はい》り込んでくるのを、私は何んだか胸をしめつけられるような気持で、目のあたりに迎えていた。

私はしばしばその少女と連れ立って、夕食後など、宿の裏の、西洋人の別荘の多い水車の道のあたりを散歩するようになっていた。そんな散歩中、ときおり、一月前までは私と一緒に遊び戯れたりしたことさえある村の子供たちと出会うようなこともあったが、彼等は私たちの傍を素知らぬ顔をして通り抜けていった。もう私を覚えていないのだろうか、それとも私がそんな見知らない少女と二人づれなのを異様に思ってそうするのだろうか？……しかしそれらの子供たちも、そのうちだんだんに、そんな林の中で最初のうちは私たちのよく見かけたものだった、さまざまな小鳥などと共に、その姿をほとんど見せないようになった。そしてその代り、私たちとすれちがいながら、私たちに好奇的な眼ざしを投

※設問は158ページ

げてゆく、散歩中の人々や、自転車に乗った人々などがだんだんに増えて来た。それらの中には私と顔見知りの人たちなども雑《まじ》っていた。私はいつかこんなところをひょっくり昔の女友達にでも出会いはしないかと一人で気を揉んでいたが、ときどき、そんな散歩の途中に、ふと向うからやってくる人々のうちに遠見がどこかそれらに似たような人があったりすると、私は慌てて、その人たちを避けるために、道もないような草の茂みのなかへ彼女を引っ張りこんで、何んにも知らない彼女を駭《おどろ》かせるようなこともあった。

そんな風に、私は彼女と暮方近い林のなかを歩きながら、まだ私が彼女を知らなかった頃、一人でそこいらをあてもなく散歩をしていたときは、あんなにも私の愛していた瑞西《スイス》式のバンガロオだの、美しい灌木だの、羊歯《しだ》だのを、彼女に指して見せながら、私はなんだか不思議な気がした。それ等のものが今ではもう私には魅力もなんにも無くなってしまっていたからだ。そうして私は彼女の手前、それ等のものを今でも愛しているように見せかけるのに一種の努力をさえしなければならなかった。それほど、私自身は私のそばにいる彼女のことで一ぱいになってしまっているのだった。

堀辰雄・著／『風立ちぬ・美しい村』（新潮文庫）新潮社

青ざめた薄明穹の水底に少しばかりの星がまたたき出し、胡桃や桑の木は薄くらがりにそっと手をあげごく曖昧に祈っている。杜の杉にはふくろうの滑らかさ、昆布の黒びかり、しずかにしずかに溶け込んで行く。

どうだ。空一杯の星。けれども西にはまだたそがれが残っていてまるで沼の水あかりだ。

「やっぱり袴をはいて行くのかな。」

「袴どころじゃないさ。紋付を着てキチンとやって出て行くのがあたりまえだ。」

それご覧なさい。かすかな心の安らかさと親しさとが夜の底から昇るでしょう。

西の山脈が非常に低く見える。その山脈はしずかな家におもわれる。中へ行って座りたい。

「全体お前さんの借というのは今どれくらいあるんだい。」

「さあ、どれくらいになってるかな。高等学校が十円ずつか。いまは十五円。それ程でもないな。」

「うん。それ程でもないな。」

この路は昔温泉へ通ったのだ。

いまは何條かの草が生え星あかりの下をしずかに煙草のけむりのように流れる。杜が右

※設問は159ページ

手の崖の下から立っている。いつかぐるっとまわって来たな。

「うんそうだ。だましてそっと毒を呑ませて女だけ殺したのだ。」

この邊に天神さんの碑があった。あの石の亀が碑の下から顔を出しているやつだ。もう通りこしたかもしれない。ふう、すばるがずうっと西に落ちた。ラジュウムの雁、化石させられた燐光の雁。

停車場の灯が明滅する。ならんで光って何かの寄宿舎の窓のようだ。あすこの舍監になろうかな。

「あしたの朝は早いだろう。」

「七時だよ。」

まるっきり秋のきもちだ。


『ラジュウムの雁』宮沢賢治・著／「宮沢賢治全集　第六巻」筑摩書房

▼設問

本文の内容として正しいものを、次の中からひとつ選んでください。

A その晩ホテルに宿泊の予約をした客の名前は、築地の吉田といった。

B その晩、夜勤の担当だった人は、吉田のお客の宿泊を断った。

C 夜勤の担当者は、顔じゅうをマスクでおおっていた。

D その晩現れた客は、客室に行って戻ってきた。

※問題は143ページ／解答は161ページ

▼設問①

本文の内容として正しいものを、次の中からひとつ選んでください。

A 正ちゃんは、ニャアニャアと言っているのは黒いどらねこ、アオンアオンと言っているのは三毛だと言った。

B 学校から帰ってきたお姉さんのことを正ちゃんは「お姉ちゃん！」と呼んで引き留めた。

C 正ちゃんは、猫のけんかで目をさました。

D ねこの鳴き声が止んだのは、お姉さんが石を投げたからだった。

※問題は144ページ／解答は161ページ

▼設問②

本文の内容として正しいものを、次の中からひとつ選んでください。

A 三人の美しい天使の兄弟構成は、姉、妹、弟である。

B 何かに姿を変えなくてはならないと言ったのは、王さまである。

C 「私は、星になります。」と言ったのは、妹である。

D 小鳥になった姉は、妹の近くに行ってさえずった。

※問題は146ページ／解答は161ページ

▼ 設問 ③

本文の内容として正しいものを、次の中からひとつ選んでください。

A 鳥かごには、小さな窓が横についていた。

B 1匹目のひよどりは、寿命をまっとうして死んだ。

C 2匹目のひよどりは、腐った栗をもらって赤痢になった。

D 3匹目のひよどりは、母親が恋しくて、胸がつまって死んでしまった。

※問題は148ページ／解答は161ページ

設問④

本文の内容として正しいものを、次の中からひとつ選んでください。

A 主人公は、彼女のことで頭がいっぱいになっても、変わらず瑞西式のバンガロオや美しい灌木を好きでい続けた。

B 主人公は、しばしば少女を連れ立って、夕食後、宿の裏の、西洋人の別荘の多い水車の道のあたりを散歩するようになっていた。

C 主人公は散歩の途中、遠くから見て知り合いに似た人がいると、一人で道のない茂みに入り込んだ。

D 夏に向け、村にぽつぽつと避暑客たちが入り込んでくるのを、主人公は何んだか胸をしめつけられるような気持で迎えていた。

※問題は150ページ／解答は161ページ

▼設問⑤

本文の内容として正しいものを、次の中からひとつ選んでください。

A 借金を尋ねたところ、相手は高等学校が十五円ずつ、いまは十円と答えた。

B 西にはいっぱいの星空が広がっていた。

C この話に出てくる二人は明日の朝、七時に起きると予測できる。

D 話の中で、西の山脈は非常に高く見えた。

※問題は152ページ／解答は161ページ

いかがでしたか？

この章では、あえて読む時間を制限しています。最初は、問題文を読み終える前に30秒経ってしまって、適当に選択肢を選ぶしかないと思います。しかし、高速で見て、瞬間的に情報を拾ってアウトプットする訓練をくり返すことによって、本当に徐々にではありますが、正解できるようになります。

中には、設問を読んでから問題文を読んだという方もいらっしゃるかもしれません。しかし、速読を身につけるという観点からすると、**問題文を読んでから設問を読んだほうが、効果があります**。

全問正解した方はぜひ、自分が好きな本や好きな作家の文章を使って問題を作ってみてください。家族や友人同士で問題を作り合うのもいいでしょう。章ごとに文章を見て、何が書いてあったか思い返してみるのも、立派なトレーニングになります。

▼解答

設問 **B** 143ページ5行目「ホテルではひとまず断ったのでした」

設問① **C** 144ページ9行目「正ちゃんは、ねこのけんかで目をさましたのでした」

設問② **A** 146ページ1〜3行目「いちばん上の姉さんは、やさしい、さびしい口数の少ない方で、そのつぎの妹は、まことに麗しい、目の大きいぱっちりとした方で、末の弟は快活な正直な少年でありました」

設問③ **A** 148ページ5行目「小さなガラスの窓が横の方についていました」

設問④ **B** 150ページ8行目「私はしばしばその少女と連れ立って、夕食後など、宿の裏の、西洋人の別荘の多い水車の道のあたりを散歩するようになっていた」

設問⑤ **C** 153ページ8〜9行目「『あしたの朝は早いだろう。』『七時だよ。』」

第9章

速読トレーニングで、頭の回転を3倍速くする！

9-1

速読トレーニングで頭の回転を加速させる

できることばかりやっていても実にならない

いかがでしたか？　後半になるにつれて、難しく感じた方もいらっしゃるかもしれません。これは、速読教室で実施している内容に近づけているためです。

とはいえ、くり返しになりますが、**できなくても気にする必要はありません**。できるレベルのことを何度もやっていたのではトレーニングにならないと思い、あえて前作より少し難易度の高い問題を取り上げました。

速読トレーニングは、「高速で見る」「幅広く見る」意識を持って取り組んではじめて、効果を発揮します。

これまでの慣れもあり、なかなか急にはできないかもしれませんが、まずは2つのことを意識してやってみることからはじめていただきたいと思います。

高速で見ると、頭の回転が速くなる？

また、「高速で見る」「高速で解く」ことをくり返すことによって、頭の回転を加速させることもできます。特に、第1章でも触れた「右脳を活性化」させること、「理解力を上げる」ことにもいい影響が表れてきます。

そもそも脳には、「可塑性《かそせい》」という働きが関係しています。

「可塑性」とは、外部環境に適応しようとする特性のことです。

こう言うと難しく感じるかもしれませんが、要は、運転中、高速道路から一般道に降りたときのことをイメージしていただくとわかりやすいと思います。

高速道路を長時間運転した後、一般道に降りると、周りの景色がゆったり流れるように感じて、スピードを出してしまったことはありませんか？　あの現象に、脳の「可塑性」が関係しています。

またこのとき、脳では「汎化《はんか》」という作用が働いています。

「汎化」というのは、ある特定の刺激と結びついた反応が、類似した別の刺激に対しても生ずる現象を指します。図7をご覧ください。

つまり、「高速で見る」ことによって、理解力も高速状態に徐々に対応できるようになってくるということです。**早く見る訓練をすればするほど、速読に耐えうる理解力がついてくるようになるのです**。

図7　汎化作用について

見るスピードを速くする

↓

速く見る時間を長くする
（内容はわからなくてもいい）

↓

理解力が少しずつ上がる
（汎化）

理解力は「高速で見る力」に追随する

よく「速読ができない」と悩んでいる方から「読むスピードが上がっても、理解が追いつかない」というご質問をいただくことがあります。

ですが、焦る必要はありません。高速で見られるようになった後から理解がついてきますので、理解が追いつかないのは当然のことなのです。

高速で見る力を鍛えるうちに、徐々に理解力が高まっていきます。ただこの理解力は、本当に徐々に高まってくるもので、体感することが難しいものです。心配せず、「理解は後回し」と思うくらいでちょうどいいと思います。

くり返しになりますが、速読トレーニングではまず、**「内容を理解すること」よりも「高速で見ること」を優先してトレーニングするようにしましょう**。

9-2

書店でも速読トレーニングはできる!

文章を読まずに、読めるようになる!?

本書で紹介したトレーニング以外にも、速読を鍛えるトレーニング方法があります。

そのひとつが、「**2点読みトレーニング**」。このトレーニングをすることによって、文章を見たときに「読もう」とするクセを取り、「読んで理解」から「見て理解」に切り替えることができるようになります。

図8にあるように、縦書きの文章だと各行の上下、横書きの文章だと各行の行頭、行末をなるべく速く見ていきます。ここでは、一文字一文字、読もうとする必要はありません。

注意点としては、「**できるだけ早く、上下左右の点を見ることを意識する**」ということです。自分の中で「速すぎるだろう」と思うよりももう一段階速いスピードで見るくらいがちょうどいいです。

また、2点の間に書かれている文章は、見ることに慣れるためのものなので、覚えていただく必要はありません。**「どれだけ速く見切れるか」ということを重視しながら見ていただきたい**と思います。

とはいえ、最初はなかなか高速で見ることが難しいと思います。出だしは「こんなの簡単でしょ」と思いながら見続けることができるのですが、ページが進んでいくにつれ、点と点の間に書いてある文章が気になりはじめ、気づいたら普通

図8　2点読みトレーニング

〈縦書きの場合〉

〈横書きの場合〉

■ポイント
文章の行頭と末尾にある文字をまず「見る」ことで、速読力が鍛えられる！

に読んでしまっている、という方もよくいらっしゃいます。

言いかえると、そのくらい多くの人は、なぞり読むクセがいつの間にか身についているということです。それを矯正しようというのですから、「読んで理解」から「見て理解」に切り替えることは、意外と大変です。そのため、テクニックではなくトレーニング、もう少し厳密に言うと「クセの矯正」をやっているとも言えます。

書店でもできるトレーニング

速読トレーニングは、書店でも行なうことができます。「本の探し方」もトレーニングになります。本を探すとき、棚を上から下へとなぞるように探すのではなく、視野を広げる意識を持って、棚全体を見て探すようにするのです。

そして、興味があるかどうかは別として、目に入ってきた本をとりあえず手に取って、2点読みを実践してみるのもいいと思います。

図9　インターネットと書店でのインプットの違い

〈インターネットの場合〉

○○について
調べようかな……

検索サイトにキーワードを打ち込んでほしい情報を探す

↓

想像する範囲内での情報量にとどまる

〈書店の場合〉

こんな人が
いたんだ
こんな考え方が
あるんだ

ふだん触れないジャンルの本棚を訪れる

↓

自分が知らない新たな知識を仕入れることができる

■ポイント
興味の有無にかかわらず、ふだん手にすることのない情報に触れ続けると、視野を広げるきっかけになる！

慣れてくると、手に取った本の良し悪しが判断できるようになることもあります。2点を追いかけることに集中していても、目線は文章上を通過していることもあって、知らず知らずのうちに文章を読まずに見ているのです。これこそ「読んで理解」から「見て理解」に切り替えることができている状態と言えるでしょう。

余談ですが、書店は情報の宝庫です。自分ではなかなか気づけない、常に新しい発見を私たちにもたらしてくれます。トレーニングも兼ねて、定期的に足を運ぶことをおすすめします。

9-3
速く読んで理解力も高めるには

読むスピードが速くなれば、理解力も上がる

速読というのは文字通り「速く読むこと」であって、「理解すること」とは、どこにも書いていません。

さらに言うと、私が考える速読というのは、「**普通に読んでいるときと同じ理解度で、より速く読むこと**」だと考えています。

本を読み終わったとき、最初のほうに何が書いてあったかほとんど覚えていなかった、という経験はありませんか？　私も以前はそうでした。

つまり、**普通に読むだけで１００％理解できることは、まずない**ということです。ましてや、速読を学んだからと言って１００％になることもありません。

もちろん、速読トレーニングに本格的に取り組めば、理解度を上げていくことは可能です（後ほど改めて説明します）。

一方で、単に読むスピードが速くなったからと言って、いきなり理解力が速くなるわけでもありません。特に初心者の方は、「理解度は普通に読んでいるときと同じ」と割り切って、トレーニングをしていただきたいと思います。

「できない」と思い込まず、**「できる範囲で取り組もう」という心構えでトレーニングすると、上達も早くなります**。どうか意識して取り組んでみてください。

9-4

無理せず続けられる方法だけを続ける

困ったときの「フラッシュトレーニング」

ここまでお読みになってみて、「読んで理解から見て理解に切り替える」ことが難しそう、と感じられた方もいらっしゃるかもしれません。

しかし、速読トレーニングと考え方は同じで、見て理解に切り替える方法（「感覚」と言ったほうがピンとくるかもしれません）も、「こうしなければならない！」

というものはありません。自分がやりやすい方法からでいいので、まずは取り組んでみることが重要です。

たとえば学生時代、『山月記』（中島敦・著）や『舞姫』（森鷗外・著）を読んで意味がわからなかったという方、今でも内容がよくわからないという方はいらっしゃいませんか。

そんな方におすすめなのが、これから紹介するフラッシュトレーニングです。

『舞姫』の冒頭文を見てみましょう。

「石炭をば早や積み果てつ。中等室の卓のほとりはいと静にて、熾熱燈《しねっとう》の光の晴れがましきも徒なり。」

いかがでしょう。一行目から、なんだか難しそうですよね。

ここでは、内容はさておき、一語一語、わかるキーワードだけ抜き出して、映像をイメージしてみます。早速、抜き出してみましょう。

石炭、中等室、卓、熾熱燈の光

まずは、このキーワードを頭の中でイメージしてみます。

中等室は、中学校の部屋、つまり「教室」と考えればいいかと思います。熾熱燈の光は、「電灯の光」でいいでしょう。

ここでは、まずは内容云々の前に、情景を思い浮かべてみることが大切なので、このくらい簡略化しても問題ありません。

すると……、なんとなく情景が思い浮かんできませんか？　話の内容はわからなくても、主人公が置かれている情景や場面をイメージするだけならできると思います。

本の内容がわからない、でも読まないといけないという方は、図10のように、まずはフラッシュトレーニングをしてみましょう。

一度で読み終わろうとせず、まず1回目はこのフラッシュトレーニングをし、2回目に思い浮かべたキーワードをもとに読むと、理解度が違ってきます。

ほかにも、メールの文章を一行単位に見るトレーニングが無理なくできるのであれば、そこからはじめるのもひとつの方法です。

間違い探しが好きな方は、誤字脱字チェックなどを応用して取り組むのもおすすめです。速読ドリルシリーズにあるクイズトレーニングをもとに、ご自身の生活環境の中で無理せずできることは何か、目を向けていただきたいと思います。

図10　フラッシュトレーニング

【例】あれは春のことだった。ちょうど夕暮れどき、○○城の横にある湖に白鳥の姿を見つけた。

⬇

まず、単語ごとに情景をイメージしてみる
（文章を読もうとしない）

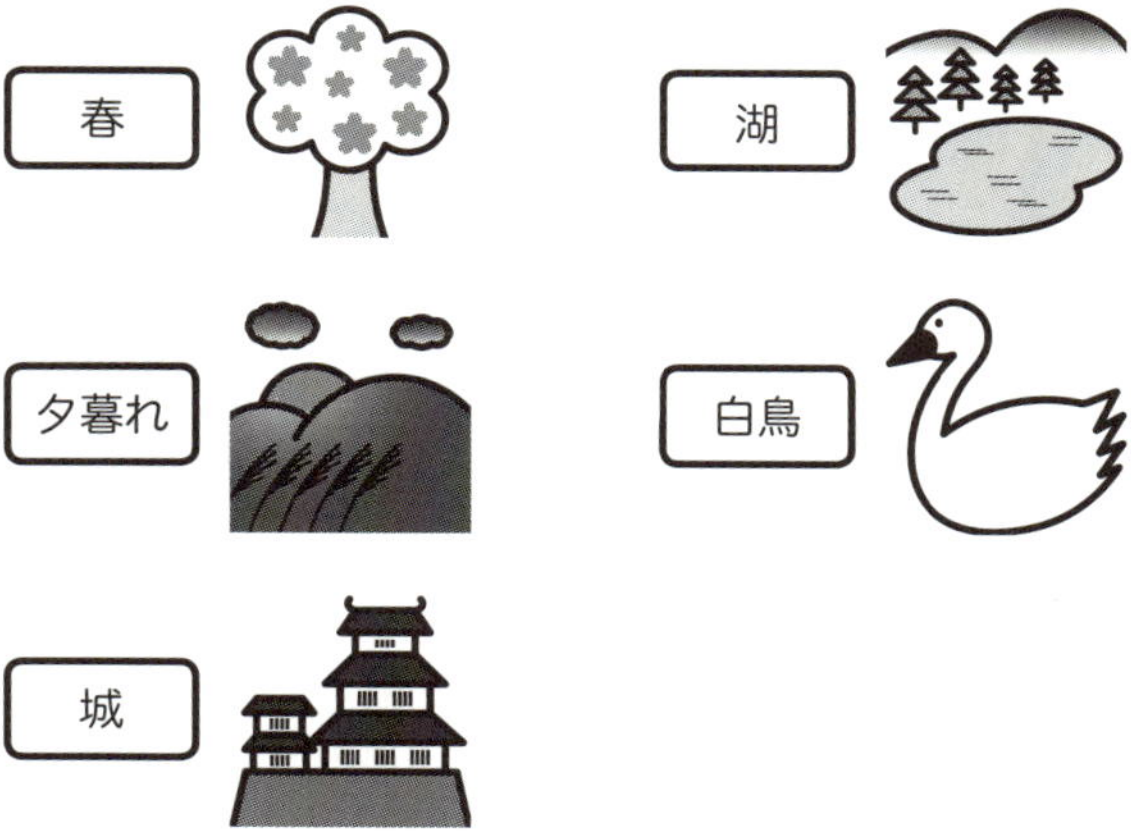

■ポイント
文章が苦手な人は、まず単語を見て情景をイメージするトレーニングをすると、見て理解できるようになる！

9-5
速読トレーニングは人生の基礎能力を鍛えてくれる

速読の目的を意識すると上達も早い

ここまで速読トレーニングについてお伝えしてきましたが、それでもトレーニングが続かないという方は意外と多いものです。

なぜでしょうか？

それは、「**速読そのものが、間接的な目的にしかなり得ないから**」です。先にもお話ししましたが、どんな方でも「速く読めるようになりたい！」と思う前に、必ず速読を知るきっかけとなった出来事があるはずです。

私の場合で言えば、お金の勉強をするために課題図書を読む必要があった、というのが、速読をはじめようと思ったきっかけです。この場合、直接的な目的は「お金」であって、速読は「お金」に間接的に関わる位置付けとなります。

速読以外にも、本の内容について要点をまとめて話してくれる仲間を見つけて聞いてしまうのもひとつの手段です。

要は、目的によっては、速読以外の手段でも代替できるのです。

そのため、どうしても「速読習得」に関しては、真剣に取り組みづらい性質があります。

同時に、間接的な位置付けであるがゆえに、汎用性が非常に高いツールであることも事実です。特に情報化社会と言われる現代においては、何らかの資格取得、受験合格など、特定分野にかぎらず、どのような分野であっても必ず生きてくるツールです。

実際、ある教材の問題を解くのに平均6時間かかると言われているところ、私は2時間かからずに終えたことがあります。これも、速読を学んでいたからこそ実現できたことです。私は人がどれだけお金を積んでも手にすることができない時間を4時間も手にしたと考えることもできます。

4時間あれば、残業をしなくてもいいように仕事を進めることもできるでしょうし、別の分野の勉強時間にあてることもできるでしょう。

次の仕事の準備にあてる時間ができれば、仕事の質も向上して、さらに仕事のスピードも加速してきます。速読は、ひとつのツールではありますが、本来の目的に活かそうとすると、かなり奥の深いツールでもあります。

このように考えると、結果的に速読は、間違いなく最優先事項になると思っていただけるのではないでしょうか。

速読は筋トレと同じ

もしくは、「筋トレ」と同じように考えてみるとわかりやすいかと思います。たとえばサッカー選手が筋トレをまったくせず、ボールさばきのテクニックばかり練習していてプロになれるでしょうか？　プロのサッカー選手を見ていると、ボールを使った練習とは別に、みなさんトレーニングジムなどで肉体をしっかり鍛えています。**基礎体力があるからこそ、実践的な技に活かせる**と思います。

速読もまったく同じです。

トレーニングそのものは難しくなくても、問題がシンプルであればあるほど、トレーニングし続けることは難しいものです。それを打破するのは、あなたがやりながら「楽しい」と感じることです。ぜひこの速読トレーニングで紹介している問題を中心に、楽しみながらできるトレーニングを見つけていただきたいと思います。

おわりに

速読は才能ではなく、努力で身につきます

最後に、前作の『速読ドリル』を読んだ方（ここではKさんとします）から、うれしい体験談をいただいたので、紹介させてください。

Kさんは当初、以前の私と同じ活字アレルギーで、200ページ弱の本を1冊を読むのに3ヶ月かかるほどでした。

しかし、速読ドリルを実際に読み、書かれている内容を忠実に実践されたところ、1冊あたりだいたい1時間で読み終わるようになったと言います。「人生の幅が広がったような気がして、とてもうれしい！」とお話ししていました。

「それはKさんに才能があったからでしょう」と言い訳をしたくなる方もいらっ

しゃるかもしれません。しかし、もし仮にKさんに才能があったのだとしたならば、それは速読ができる才能ではなく、「書いてあることに忠実に従って取り組む素直さ」という才能があったのだと思います。

早い段階で伸びる人は素直な人が多い

私が速読教室で実際に教えてみて感じるのは、やはり**早い段階で伸びる方は、まず言われた通りに素直に取り組む姿勢を持っている**ということです。

Kさんは、このご感想をくださった後、今度は「内容をまとめる時間も含めて、3ヶ月で100冊読む」という目標をご自身で掲げて取り組みはじめたそうです。

このように、自分が楽しいと思える範囲の中で、無理なく取り組もうとする姿勢が、結果を生んでいるのだと思います。

トップを目指す必要はありません

そして、もう一点お伝えしておきたいのは、**全員がトップクラスを目指す必要はない**ということです。

たとえばマラソンをはじめるとき、基礎体力を上げる目的の方もいれば、オリンピック選手を目指してはじめる方もいると思います。

これが速読となったとたん、なぜか多くの方がオリンピック選手のクラスを目指して取り組んでしまっているように思います。ですが、速読を身につける目的は、人によってバラバラで当たり前です。ですから、健康目的や基礎体力づくりのために取り組んでもまったく問題はないわけです。

私が生徒のみなさんに日頃お伝えしているのは、「**超えるのは現状の自分**」ということです。一分あたりに読める文字数が一日一文字増えていくだけでも立派な成長です。必ず昨日の自分を超える気持ちで取り組んでみてください。たとえほんのわずかな変化でも、昨日の自分を確実に超えていく意識を持って取り組んでいれば、気がついたら1日16冊読めるようになったり、速読日本一になれるレベルになっていたりします。

ですから**まずは、現状よりも少しずつ自分自身を成長させることを意識していただきたい**と思います。

最後に、今回の出版にあたってお世話になった、編集者の大島永理乃さん、デザイナーの土屋和泉さん、前著『速読ドリル』を多くの方に広め、続編発売のきっかけを作ってくださった営業の酒井巧さん、大庫具祥さん、牟田悦雄さん、速読を教えてくれた師匠に感謝を申し上げます。

また、私の投資の師匠であり、速読受講生第一号になってくれた竹井佑介さんにも感謝を申し上げます。

そして、日頃一緒に指導を行なってくださっている沖縄の公務員養成塾 Ace 塾長の安慶名勇子さんをはじめ、全国各地で本物の速読普及活動にご協力をくださっているインストラクター講師陣のみなさん、新たな気づきを数多くくださる受講生のみなさん、そして数多くの読者のみなさんがいてくださったおかげで、新たに出版の機会をいただくことができました。本当にありがとうございます。

また、影ながらメンターとして本当にいつも支えてくださっている青山聡一郎さん、本物の速読普及活動にご支援くださっている服部遣司さん、五十嵐智子さん、そして何より、日頃私を支えてくれている家族のみんなにも最大限の感謝の気持ちを伝えたいと思います。いつもありがとうございます！

本書を通じて、一人でも多くの方が、速読をマスターしていただけたらうれしく思います。みなさんの日々の生活に、少しでも変化があるよう祈っています。

角田和将

2016年4月吉日

角田和将　Kazumasa Tsunoda

1978年生まれ。Exイントレ協会代表理事。
高校時代、国語の偏差値はどんなにがんばっても40台。本を読むことが嫌いだったが、借金を返済するため投資の勉強をはじめる。そこで500ページを超える課題図書を読まざるを得ない状況になり、速読をスタート。開始から6ヶ月後に日本速脳速読協会主催の読書速度認定試験で、1分間約1万文字の認定を受ける。8ヶ月目には同協会主催の速読甲子園で準優勝、翌月に開催された特別優秀者決定戦で速読甲子園優勝者を下し、約2万人中1位の日本一となる。その後、独立。速読を通じて時間の量と質を変えることの大切さを教えるため、国内外を飛び回っている。

これまでに指導した生徒は1000名超。「1日で16冊読めるようになった」「半年間で500冊もの本を読んだ」など、ワンランク上の速読を目指しつつ、挫折しない、高い再現性を実現する指導を行なっている。

投資においても、1000名の受講生に対して、独自の理論に基づく速読理論と経験を踏まえた指導を行ない、月収数十万円～数百万円の利益を上げるトレーダーを多数輩出している。

著書に、『速読日本一が教える1日10分速読トレーニング』（日本能率協会マネジメントセンター）、10万部を突破した『1日が27時間になる！　速読ドリル』（総合法令出版）がある。

ホームページ　http://intre.co/
ブログ　http://limixceed.co.jp/blog

頭の回転が3倍速くなる！ 速読トレーニング

2016年5月3日　初版発行
2016年5月12日　3刷発行

著　者　角田和将
発行者　野村直克
発行所　総合法令出版株式会社
〒103-0001　東京都中央区日本橋小伝馬町15-18
ユニゾ小伝馬町ビル9階
電話 03-5623-5121（代）
印刷・製本　中央精版印刷株式会社

ISBN 978-4-86280-501-0